Christian Rathner

DER BRUNNEN VON EPANOSIFI

Wege zwischen Ost und West

styria premium

IMPRESSUM

ISBN 978-3-222-13469-2

styria BOOKS

Wien – Graz – Klagenfurt

Bücher aus der Verlagsgruppe Styria gibt es
in jeder Buchhandlung und im Online-Shop

styriabooks.at

Buchgestaltung und Layout: Alfred Hoffmann
Covergestaltung: *) KT_Design
Lektorat: Josef Weilguni

Druck und Bindung:
Druckerei Theiss GmbH, St. Stefan im Lavanttal
7 6 5 4 3 2 1
Printed in Austria

DER BRUNNEN VON
EPANOSIFI

INHALT

VORWORT

In den Interviews, die wir zur Vorbereitung dieses Buches führten, kam Metropolit Arsenios immer wieder auf ein Thema zu sprechen, das ihm besonders wichtig ist: Freiheit. Vermutlich hat das unter anderem damit zu tun, dass er aus Kreta kommt.

Seine Eminenz Dr. Arsenios Kardamakis, Metropolit von Austria, Exarch von Ungarn und Mitteleuropa, steht an der Spitze der griechisch-orthodoxen Kirche in Österreich – und im Zentrum dieses Buches. Eine Biografie also? Nein.

Was hier beschrieben wird, ist nicht der Werdegang und auch nicht der Alltag des Metropoliten – seine pastorale Sorge um Gemeinden und Gläubige, die Herausforderungen, die das Leitungsamt an ihn stellt, sein Einsatz für Ökumene und interreligiösen Dialog.

Arsenios Kardamakis wurde am 31. Oktober 1973 in Iraklio geboren und ist in Gergeri aufgewachsen. Er studierte in Athen Theologie und machte sich an der Universität Straßburg auch mit der katholischen Denktradition vertraut. In seiner Dissertation befasste er sich mit Didymus dem Blinden, einem Theologen im Alexandria des 4. Jahrhunderts. Seine Kirche entsandte den jungen Theologen und Diakon zunächst nach Aachen, dann nach Karlsruhe. 2002 wurde er in seinem Kloster in Epanosifi zum Priester geweiht und beauftragt, die Gläubigen der Region Karlsruhe nunmehr als Priester pastoral zu betreuen. 2004 wurde er Generalvikar der griechisch-orthodoxen Metropolie von Frankreich. 2011 kam er als Metropolit nach Österreich.

Was also, wenn keine Biografie, ist dieses Buch? Am ehesten ist es eine Reise. Eine Reise in die Heimat des Arsenios Kardamakis: auf die Insel Kreta, in das Kloster Epanosifi, dem er als Mönch angehört. Eine Begegnung mit der orthodoxen Klostertradition, wie sie in Epanosifi gelebt wird, dazu Gespräche mit geistlichen Männern, auch über weltliche Fragen. Ohne die vertrauensvolle Führung durch den Metropoliten, ohne die Gespräche mit ihm, ohne die offene Aufnahme durch Abt Bartholomaios und die Mönche des Klosters wäre dieses Buch nicht zustande gekommen. Metropolit Arsenios hat sich nicht nur auf das wagemutige Projekt eingelassen, sondern mich auch in der Phase der Fertigstellung

mit wertvollen Korrekturen und Anregungen unterstützt. Ihm und den Mönchen möchte ich dafür herzlich danken.
Ist es nun ein Buch über ein Kloster? Nicht nur das. Metropolit Arsenios teilt seinen Geburtsort mit zwei weltbekannten Kretern. Auch der Schriftsteller Nikos Kazantzakis (1883–1957) und der Maler Dominikos Theotokopoulos, genannt El Greco (1541–1614), den allerdings auch das Dorf Fodele für sich reklamiert, stammen aus Iraklio. Es lag daher nahe, auch ihren Europa verbindenden „Wegen zwischen Ost und West" zu folgen und etwas von ihren Farben in das Bild von Kreta zu mischen, das hier gemalt werden soll – zumal sich 2014 der Todestag El Grecos zum vierhundertsten Mal jährte. Die Kunsthistorikerin Denise Alevizou in Iraklio und Efi Kefalaki vom Kazantzakis-Museum in Myrtia sind mir dabei mit Rat und Tat zur Seite gestanden.
Die Reisen nach Kreta und Toledo fanden im Frühjahr und Sommer 2014 statt. Einige Tage lang begleitete mich ein Kamerateam aus Athen: Kameramann Gianis Chlempakos und Tonmeister Vangelis Vlavianos verdanke ich nicht nur hervorragende Aufnahmen für Berichte im ORF-Religionsmagazin „Orientierung", sondern auch wertvolle Reflexionen.
Trotz mancher Ausflüge in die Geschichte Kretas hat dieses Buch die Gegenwart im Blick. Kann man derzeit über Griechenland berichten, ohne die Finanzkrise zu erwähnen? Zumindest ich nicht. Die Not der vielen, die in Armut geraten sind oder von wachsender Existenzangst gepeinigt werden, steht Metropolit Arsenios und den Mönchen von Epanosifi deutlich vor Augen. Sie helfen, so gut es geht. Dabei versuchen sie, tiefer liegenden Ursachen der Krise auf die Spur zu kommen und spirituelle Orientierung anzubieten.
In den Tagen der Fertigstellung des Manuskripts steht Griechenland vor einer Parlamentswahl. Mit ihr verbinden viele die Hoffnung auf eine Politik, die über die Menschen und ihre Nöte nicht hinwegsieht, sondern sich ihrer annimmt.
Vielleicht ist es an der Zeit, in den schweren Turbulenzen unserer Tage vermehrt auf Experten der Seele zu hören, auf Mönche, Künstler, Dichter. Die Stille zu üben und sich zu vergewissern, wo die Quellen sind und die Brunnen fließen.

Wien, im Januar 2015
Christian Rathner

Kapitel 1

WASSER IM TROCKENEN LAND

Ein Brunnen zwischen Ost und West

„Auf, ihr Durstigen, kommt alle zum Wasser!“
Jesaja

Erstens: Ein Brunnen in Epanosifi. Und ein Wunder des heiligen Georgios

Kríni sagt man auf Griechisch. Das Lexikon definiert: „Gebäude für die Sammlung und Verteilung einer Wasserquelle, mit einem oder mehreren Hähnen, mit sorgfältiger Konstruktion und Dekoration“. Eine Wasserentnahmestelle also. Einen großen, runden Steinbrunnen, auf Griechisch *sintriváni*, mit einem Schwarm roter Fische auf dem Grund gibt es im Kloster Epanosifi auch. Er steht an der Ostseite der Klosterkirche. Kinder werden an seinen Rand gehoben, damit sie die Fische bestaunen können. Die Hunde und Katzen des Klosters stillen dort ihren Durst, und auch den Bienen ist er eine wichtige Tränke. Die *kríni*, der Brunnen beim Westeingang der Kirche, ist reservierter, nobler, blasser, trockener – wenn man eine solche Ausdrucksweise im Hinblick auf einen Brunnen gestatten möchte. Vor allem aber: Aus ihm fließt heiliges Wasser.
Dieser Brunnen von Epanosifi ist in die Mauer eingelassen, die sich nördlich der Kirche bis zum Eingang zieht und die darüber liegenden und über steile Stufen erreichbaren Mönchszellen vom Klosterhof trennt. Der hohe Aufbau über dem Wasserbecken ist mit Steinmetzarbeiten verziert. Um an Wasser zu kommen, muss man den Hahn aufdrehen. An einer Kette hängt ein metallener Schöpfbecher, bereit für die Durstigen. Niemand weiß genau, wie alt dieser Brunnen ist. Als man vor etwa hundert Jahren ein neues Abt-Haus errichtete, wurde er als Wasserstelle für die Mönche mitinstalliert, erzählt Vater Paisios, ein großer, schwarzbärtiger Mönch: „Vielleicht hat man damals aber ältere, schon vorhandene Teile wiederverwendet.“ Als die Zellen dann mit Wasserleitungen ausgestattet wurden und die Wasserstelle nicht mehr nötig war, wurde der Brunnen an seinen heutigen Platz verlegt. Eine weise Entscheidung. Nahe der Kirchentür wirkt seine kühle Schönheit besonders stark.

Epanosifi? Die alte Dame, eine Iraklio-Bewohnerin in ihren Achtzigern, weiß eine Geschichte. Vielleicht aus dem Radio, vielleicht aus einem Buch. Sie habe sich immer für Theologie interessiert, sagt sie. Also: Ein Schäfer musste mit ansehen, wie seine Herde von einer gefährlichen Krankheit befallen wurde. Die Tiere drohten zu sterben; ihr Tod aber

hätte ihn um seine Existenz gebracht. Verschiedenste Therapien hatte er bereits ausprobiert; als alles nicht half, ging er nach Epanosifi und betete zum heiligen Georgios, dem Heiligen des Klosters, den man immer schon für sehr mächtig gehalten hat. Der Schäfer bat inständig um die Rettung seiner Herde und legte dabei folgendes Gelübde ab: Sollten die Schafe wieder gesund werden, würde er das größte und schönste Tier der Herde dem Kloster vermachen.
Als er nach Hause kam, traute er seinen Augen nicht: Die Schafe, die zuletzt matt und appetitlos herumgelegen waren, standen fröhlich auf vier Beinen und fraßen, als wäre nichts gewesen. Es war nicht zu leugnen: Agios Georgios hatte ein Wunder gewirkt. Der Schäfer sah sich gezwungen, sein Versprechen einzulösen. Aber insgeheim war es ihm doch leid um sein schönes Tier. Er beschloss, stattdessen zwei kleinere Schafe zu opfern. Deren Verlust würde er eher verschmerzen. Er machte sich also mit den beiden Tieren auf den Weg nach Epanosifi und übergab seine Spende. Wie üblich blieb er im Kloster über Nacht; erst am nächsten Morgen wollte er nach Hause aufbrechen. Doch plötzlich – er lag schon in Schlummer – hörte er das Läuten von Schafsglocken. Es dauerte nicht lange, bis sich die Erkenntnis den Weg in sein Bewusstsein gebahnt hatte: Das waren die Glocken seiner eigenen Herde. Sofort sprang er aus dem Bett. Hatte jemand seine Tiere gestohlen und hierher gebracht? Als er aber in den Hof des Klosters trat, wurde er starr vor Staunen. Da stand tatsächlich seine ganze Herde vor ihm. Aber niemand hatte sie gestohlen. Sie war ihrem Leithammel gefolgt, der besser als sein Hirt wusste, was er dem heiligen Georg schuldig war. Der Schäfer – sein Name war Miliaras – beschloss daraufhin, im Kloster zu bleiben und sein Leben dort zu verbringen, ohne jedoch selbst Mönch zu werden. Sein Grab ist heute noch zu sehen: eingelassen in die Wand am Platz vor der Kirche, vom *kríni*-Brunnen nur durch einen Stiegenaufgang getrennt.
Auf mein Ersuchen hin erzählt im Kloster Vater Paisios dieselbe Geschichte. In groben Zügen stimmt sie mit dem überein, was ich in Iraklio gehört habe. Aber es gibt auch einige markante Unterschiede. In der Klosterversion ist nicht von einer Erkrankung der Tiere die Rede, sondern von nicht näher beschriebenen „Problemen im Haus". Es handelte sich auch nicht um Schafe, sondern um Ziegen. Und: Der Mann hatte nicht nur ein Tier versprochen, sondern mehrere seiner besten Tiere. Sie alle waren ihm ins Kloster gefolgt, und die ganze Herde mit ihnen.
Im letzten Teil der Geschichte – dort, wo von Wasser und vom Brunnen die Rede ist – gehen die beiden Versionen nun aber grundlegend auseinander.

Zweitens: Das Wasserwunder

Die alte Dame aus Iraklio erzählt die Sache so: Miliaras war so beeindruckt von der Wunder-Wirkmacht des heiligen Georg, dass er zu ihm sprach: „Beweise mir noch einmal deine Macht. Sicher ist sie so groß, dass du dort, wo ich mit meinem Hirtenstab auf den Boden schlagen werde, eine Quelle auftun kannst." Er nahm seinen Stab und stieß ihn auf den Boden. Und siehe da: Wasser begann zu sprudeln. Vor der Kirchentür ist heute eine Treppe im Boden. Sie führt zu der Quelle, die auch den Brunnen speist. Da es sich um Wasser handelt, das auf wundersame Weise entdeckt wurde, gilt es als *agíasma*, als heiliges Wasser.

Die Version, die Vater Paisios erzählt, ist folgende: Viele Jahre nachdem Miliaras ins Kloster gekommen war, saß er auf einem Felsen. Da fiel ein großer Stein vor ihm auf den Boden. Miliaras verstand es als Zeichen, begann zu graben und fand tatsächlich Wasser. Die Freude muss groß gewesen sein. Nach allem, was bekannt ist, hatte das Kloster zuvor keinen eigenen Wasserzugang. Da man auf Wasser aber nicht verzichten kann, musste es herangeschafft werden. Es lag daher nahe, die plötzlich auf eigenem Grund sprudelnde Quelle als Geschenk und Wunder zu verstehen, als ein Geschehen, das menschliche Macht allein nicht zustande gebracht hätte.

Was aber bedeutet *agíasma*, heiliges Wasser? Tatsächlich nehmen Gläubige Wasser aus Epanosifi mit nach Hause, weil es als heilend gilt. Vater Bartholomaios, der Abt oder „Igoumenos" des Klosters, erzählt, dass vor allem russische Pilger Interesse am *agíasma* zeigten. Er verwahrt sich aber gegen magische Vorstellungen. Es handle sich um ganz normales Wasser, sagt er – und es sei daher zunächst einfach in der Lage, das zu tun, wozu ganz normales Wasser immer imstande ist: Leben zu spenden. Ein Wunder ist das auch, und es wird vor allem dann erlebbar, wenn man bei großem Durst den ersten Schluck zu sich nimmt. Aber, so der Abt, Gläubige könnten dieses Wasser eben auch als „heiliges Wasser" zu sich nehmen und ganz bewusst das Wunder seiner Auffindung und die Kraft des Heiligen, der es vollbracht hat, für sich wirksam werden lassen. Genau genommen sei dann also nicht das Wasser aktiv, sondern der heilige Georgios und damit Gott selbst. Dann könne das *agíasma* tatsächlich heilende Kräfte entfalten.

Vater Igoumenos erzählt von einem jungen Mann, der ins Kloster eingetreten war, aber – ein nicht zu unterschätzendes Problem für einen angehenden Mönch – unter schütterem Bartwuchs zu leiden hatte. Der heilige Georgios habe ihm im Traum empfohlen, sich mit dem *agíasma* aus der Quelle das Gesicht zu waschen. Der Mönch tat es, und binnen kurzem zierte dichter Haarwuchs das junge Gesicht. Natürlich hat der Abt diese Geschichte schmunzelnd erzählt. Aber erst wer die dichten und mitunter langen Bärte der Mönche sieht, kann ermessen, wie groß die Erleichterung für den jungen Mann im Kloster gewesen sein muss.

Wasser ist auf Kreta ungleich verteilt. Während es mancherorts praktisch unerschöpflich aus dem Berg quillt, muss man anderswo zu neuen Formen der Wassergewinnung – Entsalzungsanlagen oder Stauseen in den Bergen – greifen. Der Niederschlag nimmt nicht zu, eher im Gegenteil. Ein alter Kreter klagt, dass es heute viel weniger regne als früher. Fast eine Tonne Oliven konnte er von seinen Bäumen in der Nähe von Iraklio früher ernten. Jetzt aber ist es zu trocken; der Ertrag ist seit einigen Jahren sehr gering. Andererseits ist der Wasserverbrauch stark gestiegen – nicht zuletzt durch die Urlauber an den Küsten, die sich am Abend das Salz von der Haut duschen wollen.

Welche Wunder Wasser wirkt, lässt sich deutlich sehen, wenn man am Kloster vorbei die Straße auf den Berg nimmt. Sobald die Winter- und Frühjahrsregen ausgesetzt haben, trocknet dort die Erde schnell aus, die Vegetation verfärbt sich in viele Braun-Nuancen. Der Schönheit der Landschaft, ihrem Ernst und ihrer Großzügigkeit in der Weite der Täler tut das keinen Abbruch. Aber hier ruft alles Durst und Dürre. Mit einer wichtigen Ausnahme: An einer Stelle wird gleich neben der Straße ein Zaun sichtbar. Er umschließt einen Garten auf steil abfallendem Gelände. Betritt man ihn, denkt man unwillkürlich an das Paradies. Hier blüht und wächst und grünt und reift es, dass es eine Freude ist. Das ist das Reich von Vater Timotheos. Jeden Vormittag kommt er hierher und verrichtet die Arbeit, die ein fruchtbarer Garten eben verlangt. Neben vielen anderen Arten der Zuwendung, die die Gemüsepflanzen und Obstbäume brauchen, ist unter der kretischen Sommersonne das Gießen der wichtigste Dienst. Vater Timotheos kennt jeden Winkel. Er geht mit dem Schlauch nach oben, Richtung Eingang, und kommt wieder zurück. Hinter einer kleinen Kapelle, vor der er sich manchmal hinsetzt, um zu beten oder sich auszurasten, geht es noch einmal steil nach oben. Das ist zweifellos mühsam, vor allem wenn man schon hoch in den Siebzigern ist. Nicht ohne Notwendigkeit hängt an einem Stromkabel vor der Kapelle ein Gehstock. Aber die Arbeit bereitet Freude. Vater Timotheos versorgt das Kloster reichlich mit Gemüse und Obst, und die Mitbrüder sind ihm dankbar dafür. Es ist das, was sie *diakonima* nennen, eine Aufgabe im Dienst der Gemeinschaft. Für ihn selbst ist der Garten tatsächlich ein Paradies. Das alles habe er mit seinen eigenen Händen geschaffen,

sagt er stolz: „Täglich küsse ich sie dafür." Sagt es und küsst tatsächlich die Linke und die Rechte.
Eine halbe Stunde schon lässt es der Mönch aus dem Schlauch regnen. Ob man denn hier nicht ans Wassersparen denken müsse, frage ich. Nein, sagt er, hier gebe es Wasser in Hülle und Fülle. Und er erzählt, wie er die Quelle gefunden hat: Im Traum habe ihm der heilige Georgios gezeigt, wo er graben solle.
Schon wieder ein kleines Wunder.

Unter der großen Platane im Klosterhof sitzt Vater Dorotheos. Auch er ist in seinen Siebzigern, ein sprühender Geist, einer der Intellektuellen des Klosters. Seit dreißig Jahren schreibt er an einer „Geschichte Griechenlands" und stellt seit Neuestem seine Ideen in einem Internetblog zur Diskussion. Er hat sich zu einem Interview bereit erklärt. Da ich weiß, dass auch er ein erfolgreicher Gärtner ist, frage ich ihn, ob man sich in einem blühenden Garten dem Paradies näher fühle als anderswo. Als Antwort bekomme ich eine erste Lektion in mönchischer Spiritualität.
„Du kannst in der Wüste sein, in der Sahara", sagt er, „aber wenn du Christus erfährst, ist das Gefühl himmlisch, es ist das Paradies. Selbstverständlich würde ich es verdienen, mich für alle Ewigkeit in der Hölle ansiedeln zu müssen. Aber selbst dort wäre für mich das Paradies, weil ich an Jesus Christus glaube."
Selbst in der Hölle das Paradies erfahren: Auch wenn Vater Dorotheos nach diesen Ausführungen ein wenig schelmisch lächelt, ist keine Sekunde daran zu zweifeln, dass er Wort für Wort ernst meint.

Drittens: Ein trauriger Brunnen?

Nein, sagt Metropolit Arsenios Kardamakis. Nein, einem Buchprojekt, das zum Ziel hätte, ausschließlich ihn selbst darzustellen, würde er niemals zustimmen. Erstens fühle er sich – er ist 1973 geboren – für so etwas noch zu jung. Zweitens aber sei es nicht passend für einen Mönch, sich derart in den Mittelpunkt zu stellen.
Arsenios Kardamakis ist der Metropolit von Austria und Ungarn. Er ist auf Achse wie ein Manager, und bisweilen ist auch sein Terminkalender voll, als wäre er einer. Aber er fühlt sich immer noch in erster Linie als Mönch. Gleichzeitig Bischof und Mönch zu sein, das ist in seiner orthodoxen Kirche die Regel, nicht die Ausnahme. Anders als orthodoxe Priester werden die Bischöfe ausschließlich aus den Reihen zölibatär le-

bender Mönche berufen. Aber das Mönchtum ist in Arsenios Kardamakis' Leben mehr als eine Karrierevoraussetzung. Was immer er tut und lässt: Er tut und lässt es als Mönch. „Mönch wird man durch eigenen Willen", sagt er, „zum Bischof hingegen wird man, indem man den Willen anderer akzeptiert."

Das Bischof-Sein ist also seine Aufgabe, das Mönch-Sein aber ist seine Berufung. Mindestens einmal im Jahr kehrt er zurück in sein Kloster Epanosifi, um wenigstens für ein paar Tage und Wochen wieder zu erfahren, was ihn seinerzeit so dorthin gezogen hat. Der Brunnen von Epanosifi, das ist für ihn nicht nur die *agíasma*-Quelle, es ist das Kloster selbst, seine ostkirchliche Spiritualität, aus der er schöpft. Das Kloster selbst ist ein Brunnen, an dem er sich erfrischen kann in Gebet und Gespräch mit den Mönchen, unter denen er viele enge Freunde hat.

Warum er dann doch einem Buchprojekt zustimmt? – Auf Pressereisen nach Athen und Kreta konnte ich beobachten, wie nahe dem Metropoliten die schwere Finanz- und Lebenskrise geht, unter der Kreta und ganz Griechenland stöhnen. Er hat in Wien eine Solidaritätsaktion ins Leben gerufen („Wir sind alle Griechen") und sammelt Geld für Hilfsprojekte seiner Kirche. Aber wie die meisten orthodoxen Geistlichen ist auch er der Meinung, dass die Krise mehr ist als eine vorübergehende Geldknappheit, dass sie über die ökonomische Debatte hinaus Fragen nach dem Mensch-Sein stellt – und dass daher auch die Kraft zu ihrer Überwindung aus tiefen Quellen gespeist sein muss.

So kommt der „Brunnen von Epanosifi" ins Spiel.

Gerne möchte er Hilfe anbieten, sagt Arsenios Kardamakis – eine Hilfe, die aus seiner orthodoxen spirituellen Tradition und Erfahrung kommt. Und zwar als Angebot, nicht als Vorschrift. „Im Glauben gibt es keinen Zwang", sagt er und schweift auf interessante Weise ab: Er beschäftige sich gerade mit dem, was die Kirchenväter zur Beichte zu sagen hatten. Die Priester werden angehalten, im Beichtgespräch keine Fragen zu stellen, sondern nur zuzuhören. Würden sie ihrerseits von dem oder der Gläubigen gefragt, sollten sie die Lehren der Kirche zu einem bestimmten Problem erläutern, aber auch in diesem Fall sei es ihnen nicht gestattet, drängende Fragen und Nachfragen zu stellen. Ausgenommen seien lediglich die Mönche, denen man eine intensivere Auseinandersetzung zumuten könne. Hinter diesen Empfehlungen steht die Überzeugung, dass die Gläubigen auch nach dem Beichtgespräch frei sind, ihre eigenen Entscheidungen zu treffen.

Wasser aus der Tiefe Epanosifis als Angebot für Menschen, die Orientierung suchen und offen sind, auf die Stimme mönchisch-orthodoxer Tradition zu hören: Dabei würde er gerne mitmachen, sagt Kardamakis.
Ich lege ihm das Foto vor, das den titelgebenden *kríni*-Brunnen zeigt. Kardamakis schaut es lange an. Die erwartete positive Reaktion kommt nur zögerlich.
Das Bild sehe irgendwie traurig aus, findet er. „Es ist ein trockener Brunnen." Damit hat er Recht. Kein Strahl erinnert an die überfließende Präsenz des Wassers. Auch das Trinkgefäß ist trocken. Man muss eben selbst aktiv werden, um an Wasser zu kommen.
Aber dann stellt sich heraus, dass für den Bischof weniger die Trockenheit des Brunnens als vielmehr die Trockenheit der roten Rosen im Vordergrund ein Problem darstellt. Als Novize und junger Mönch war er unter anderem für die Pflege der Blumen zuständig; da entwickelt man einen Blick für so etwas.
Zum Glück fällt mir eine Deutung ein, die ihn überzeugt. „Ist das nicht genau die Situation vieler heutiger Menschen?", frage ich: „Nah am Brunnen – und doch durstig?"

Viertens: Kretische Geschichte zwischen Ost und West

Das Kloster Epanosifi verfügt also über zwei Brunnen. Man könnte sie im Hinblick auf ihre Lage auch als Ost- und Westbrunnen bezeichnen. Die Kirche ist nach Osten hin ausgerichtet. Das Klosterareal betritt man durch ein Tor im Osten und geht unter Alleebäumen auf einem blumengeschmückten Weg westwärts. Die Orientierung bereitet also keine Schwierigkeit. Aber wer wüsste genau, was „Osten" heißt, und was „Westen"? In der wechselvollen und blutigen Geschichte Kretas haben einander Herrscher aus Ost und West abgelöst. Die Insel war also einmal überwiegend „östlich", dann überwiegend „westlich", dann wieder „östlich" – und blieb trotz allem immer sie selbst.
Wenn man in Griechenland „Nachmittag" sagt, meint man eine Zeit nicht vor 17 Uhr. Die Schaffenspause nach dem Mittagessen, in der heißesten Zeit des Tages, gehört notwendig zum Tagesrhythmus und kommt auch dem Gast aus Österreich sehr zugute. Man kann in aller Ruhe unter der Platane sitzen, den Blick in die Weite genießen und ein Buch zur Hand nehmen. Zum Beispiel die „Geschichte von Kreta", ein Standardwerk von Theocharis Detorakis, einem Professor für byzantinische Philologie an der Universität Kreta. Der Gelehrte wurde für seine Forschung vom

ökumenischen Patriarchat in Konstantinopel mit einem kirchlichen Titel („Archon Megas Protonotarios") ausgezeichnet. Und er erhielt 1985 den Nikos-Kazantzakis-Preis für seine wissenschaftliche Arbeit. Das umfangreiche Werk liest sich wie ein Krimi.
Nachdem um 1400 vor Christus ein gewaltiges Erdbeben mit einer ebenso gewaltigen Flutwelle den Palast von Knossos und damit auch das sagenhafte Reich der Minoer zerstört hatte, strömten vom Peloponnes die Mykener ins Land und setzten ihre Sprache und ihre kulturellen Vorstellungen durch. Dreihundert Jahre später übernahm ein anderer griechischer Stamm die Herrschaft: die ursprünglich vermutlich aus Nordwestgriechenland stammenden Dorer.
Im Jahr 71 vor Christus gelang es der kretischen Flotte, die Römer, die die Insel erobern wollten, zwischen dem heutigen Iraklio und der vorgelagerten kleinen Insel Dia vernichtend zu schlagen. Aber das änderte an den Absichten der Römer nichts; ab 64 vor Christus waren sie die neuen Herren auf der Insel. Bis ins 8. Jahrhundert blieb Kreta im römischen Einflussbereich, dann übernahm der oströmische Kaiser in Konstantinopel oder Byzanz die Kontrolle. Die byzantinische Ära wurde allerdings durch andere Machthaber unterbrochen: die Araber.
Man würde den Ort ihrer Herkunft im Osten vermuten; tatsächlich kamen die Eroberer jedoch aus dem Westen, und zwar aus Spanien. Dort war ein Aufstand gegen den Herrscher von Córdoba gründlich misslungen. Die Aufständischen unter ihrem Anführer Abu Hafs wurden auf der Suche nach neuem Land zu Piraten. Zunächst eroberten sie Alexandria in Ägypten, überfielen aber, als sie von dort wieder vertrieben worden waren, Kreta. Die Insel, die sich bis dahin gegen wachsenden arabischen Druck erfolgreich zur Wehr gesetzt hatte, wurde vermutlich um 824 ein arabisches Emirat.
Erst dem legendären Feldherrn Nikephoros Phokas gelang es, die arabische Herrschaft auf Kreta zu beenden. Dazu aber musste er die Hauptstadt Chandax (später Candia und Megalokastro, heute Iraklio) mehrere Monate lang belagern. Als sie sich im März 961 ergab, richteten die Byzantiner unter den arabischen Inselbewohnern ein Blutbad an. Nikephoros Phokas blieb ein erfolgreicher Feldherr, wurde später zum Kaiser ernannt und starb nicht heldenhaft im Kampf, sondern auf unrühmliche Weise: Sein Neffe ermordete ihn im Schlafzimmer.
Nach der zweiten byzantinischen Periode kam im Jahr 1204 wieder der Westen ans Ruder, nachdem sich zwischen Ost- und Westmächten schwere Spannungen aufgebaut hatten. In Konstantinopel kam es zu Pogromen gegen Bewohner aus Genua und Pisa. Das Verhältnis der einst

verbündeten Mächte Byzanz und Venedig geriet in eine schwere Schieflage. Ost- und Westkirche hatten sich einander entfremdet – vor allem aus machtpolitischen, weniger aus theologischen Gründen. 1054 war die Lage eskaliert, als sich Gesandte des Papstes und des ökumenischen Patriarchen gegenseitig exkommunizierten.

Der vierte Kreuzzug von 1204 machte nun jede Wiederannäherung von Ost und West auf lange Sicht unmöglich. Statt wie geplant nach Ägypten und Jerusalem zu ziehen, beschlossen die frommen Krieger trotz vehementer Proteste des Papstes, Konstantinopel anzugreifen. Sie zerstörten und plünderten die Stadt und machten sich grausamer Übergriffe auf die Bevölkerung schuldig. Das war, wie viele Historiker vermuten, auch ein tödlicher Schlag gegen das gesamte byzantinische Reich. Die alte Kraft war dahin; zwar eroberte schon 1261 Kaiser Michail Palaiologos III. Konstantinopel zurück. Aber 1453 wurde die Hauptstadt der Christen zur leichten Beute für die muslimischen Heere.

Kreta war nach dem Kreuzzug nicht viel mehr als Verhandlungsmasse. Der byzantinische Prinz Alexios IV., dessen Vater als Kaiser seines Amtes enthoben worden war, wollte die Krone zurück und bat die katholischen Heere um Unterstützung. Dafür bot er einem der einflussreichsten Kreuzfahrer Kreta an: Bonifatius von Montferrat. Als dieser die Insel nach der Eroberung tatsächlich zugesprochen erhielt, hatte er aber keine rechte Freude mit dem Beutestück. Ihm fehlten die Mittel, um Kreta zu regieren.

Das machte sich Enrico Dandolo, der Doge von Venedig, zunutze. Er kaufte die Insel um etwa 5000 Golddukaten. Dandolo starb schon 1205, aber Kreta hatte für mehr als 400 Jahre eine neue Herrscherin: die Republik Venedig – auch wenn es einige Jahre dauern sollte, bis mit Giacomo Tiepolo der erste venezianische Herzog tatsächlich die Macht über ganz Kreta ausüben konnte. Ein genuesischer Pirat hatte zuvor der neuen Macht einen großen Teil der Insel abgetrotzt.

Die Kreter leisteten erbitterten Widerstand gegen die neuen Machthaber. Aufstand folgte auf Aufstand, bis sich die Lage langsam beruhigte. Im 15. und 16. Jahrhundert kam es nur noch zu je einer Revolte. Die letzte Erhebung gegen die Venezianer datiert ins Jahr 1527. Eine Zeit relativen Friedens und kultureller Blüte ging ab 1645 zu Ende. Da begann der kretische Krieg, der die Insel erneut Machthabern aus dem Osten in die Hände spielen sollte. Venedig erlebte eine Phase des ökonomischen Niedergangs; Europa blutete im Dreißigjährigen Krieg. Die aufstrebende Macht war das Osmanische Reich.

1645 eroberte eine riesige türkische Streitmacht die westkretische Hafenstadt Chania nach etwa zweimonatiger Belagerung. Die Bewohner wurden in die Sklaverei verkauft. Schon Ende 1646 kontrollierten die Osmanen praktisch die ganze Insel, allerdings mit Ausnahme der Hauptstadt Candia. 1648 begannen die Türken mit der Belagerung, die sich hinziehen sollte, denn Candia mit seinen gewaltigen Mauern und Wehranlagen galt als uneinnehmbar. Erst am 16. September 1669, nach langen Verhandlungen, kapitulierte die Stadt. Die christlichen Bewohner durften Candia verlassen, viele von ihnen flüchteten von der Insel. Die kretische Bevölkerung war nun stark dezimiert; ein großer Teil der Kreterinnen und Kreter war tot oder versklavt oder geflohen.

Die verbleibenden Christen der Insel gerieten unter Druck, zum Islam zu konvertieren. Viele hielten nicht stand und wurden Muslime. Es dauerte hundert Jahre, bis in Sfakia an der westlichen Südküste die erste Rebellion gegen die ungeliebten Herrscher losbrach. Der Schiffseigentümer Gianis Vlachos, genannt Daskalogianis, war ihr Anführer. Das Unternehmen schlug fehl. Die Osmanen verwüsteten das Land. Daskalogianis wurde bei lebendigem Leib gehäutet, sein Bruder verlor über diesem Anblick den Verstand. Dennoch: Ab dem frühen 19. Jahrhundert setzten immer neue Aufstände den Herrschenden zu.
1821 schlossen sich die Kreter der griechischen Revolution zur Befreiung von der osmanischen Herrschaft an. Doch ihre Bewaffnung war ungenügend, die Reaktion der Osmanen grausam. Bischöfe, Äbte und Mönche wurden gehenkt. An einem einzigen Tag, dem 21. Juni 1821, soll es in Iraklio und Umgebung unter Klerikern 800 Todesopfer gegeben haben; auch Mönche aus Epanosifi starben. Aber auch unter Nichtpriestern wüteten die Osmanen. Sie töteten, vergewaltigten, massakrierten Babys an der Mutterbrust.
Doch der Freiheitswille der kretischen Bevölkerung muss stark gewesen sein: Die Revolution, die ihren Ausgang wieder von Sfakia genommen hatte und zunächst einige militärische Erfolge verzeichnen konnte, dauerte insgesamt zehn Jahre. An ihrem Ende stand die Enttäuschung der Kreter darüber, dass sie laut Londoner Protokoll von 1830 außerhalb des neu gegründeten griechischen Staates bleiben und nunmehr von Ägypten aus regiert werden sollten. Die neue Regierung war zunächst um Frieden und Ausgleich bemüht, aber schon 1833 entstand eine Protestbewegung gegen die drückende Steuerlast. Sie wurde gewaltsam niedergeschlagen. Nach einem Krieg, den Ägyptens Herrscher Muhammad Ali Pascha gegen die Osmanen verlor, sprach ein wiederum in London ausgehandelter

Vertrag die Insel erneut den Osmanen zu. Ein Aufstand folgte auf dem Fuß, aber auch diese Erhebung von 1841 blieb erfolglos.

Nach einer Phase des Friedens wuchs unter der autoritären Führung von Veli Pasha die Unzufriedenheit und führte 1858 zu einer neuerlichen Erhebung. Diesmal kamen die Osmanen den Kretern entgegen und erfüllten einige ihrer Forderungen. In Bezug auf Religion, Steuern, Administration und Justiz wurden ihnen Privilegien zugesprochen. Aber dieses milde Regime war bald zu Ende. Drastische Steuerauflagen sorgten für neuen Unmut.

Die lang angewachsene Sehnsucht nach Freiheit und Selbstbestimmung kulminierte 1866 in der großen kretischen Rebellion. Wieder einmal zahlten beide Seiten einen hohen Preis. Zum Schauplatz eines traurig-dramatischen Höhepunkts der Kämpfe wurde das Kloster Arkadi, in dem das Revolutionskomitee von Rethymnon sein Hauptquartier hatte. Als Besatzungstruppen unter Mustafa Pasha Giritli am 8. November 1866 das Kloster erreichten, waren dort etwa dreihundert Kämpfer und doppelt so viele Frauen und Kinder verschanzt. Einen ganzen Tag lang hielten die Verteidiger stand, wobei der Abt bei Kämpfen an der Mauer getötet wurde. Als dann die Osmanen am nächsten Tag mit Hilfe einer schweren Kanone eine Bresche in die Mauer schlugen und das Kloster stürmten, sprengten die Kreter das Schießpulvermagazin und mit ihm das ganze Kloster in die Luft. Hunderte Kreter, aber auch viele Türken starben. Dieses Blutbad von Arkadi brachte der Rebellion eine internationale Welle der Sympathie und Unterstützung, aber keine militärischen Vorteile. Im Dezember 1868 richteten die Osmanen fast alle Mitglieder der von den Kretern gegründeten Übergangsregierung hin. Als die Revolution 1869 zu Ende ging, hatten sich die Osmanen militärisch durchgesetzt. Die Kreter aber hatten ihnen das sogenannte „organische Reglement“ abgetrotzt, das die Insel eigenständiger machen sollte. Türkisch und Griechisch wurden gleichberechtigte Amtssprachen. Dazu kamen Steuererleichterungen und weitere Zugeständnisse. Nur: Das „organische Reglement“ wurde von der osmanischen Regierung nie wirklich umgesetzt. Dazu kam, dass in der Politik bald wieder antichristliche Kräfte das Sagen hatten. Die ersehnte Freiheit blieb den Kretern weiterhin verwehrt.

Vorerst war das ausgeblutete Land nicht fähig zu einem neuen Aufstand. Die Hoffnung auf eine Verbesserung der Lage blieb dennoch ungebrochen. Da die europäischen Großmächte eine Vereinigung mit Griechenland vorerst kategorisch ablehnten, gewann die Idee einer kretischen Autonomie Anhänger.

Gegen Ende des 19. Jahrhunderts ging es Schlag auf Schlag. 1878 trotzten die Kreter ihren Besatzern durch einen Aufstand das sogenannte Haleppa-Abkommen ab. Es legte unter anderem fest, dass der Generalgouverneur Kretas ein Christ sein sollte. Außerdem wurde den Christen die Mehrheit in der kretischen Generalversammlung zugesprochen.
Nach einer Phase innerkretischer Gewalt – die Gründung kretischer Parteien hatte zu politischem Fanatismus geführt – brachte ein neuer Aufstand 1889 schwere Rückschläge für die Befreiungsbewegung. Die Osmanen widerriefen das Haleppa-Abkommen.
Eine weitere Erhebung 1895 hatte mehr Erfolg. Die geglückte Belagerung einer türkischen Garnison verlieh sowohl dem Siegeswillen als auch dem Zusammengehörigkeitsgefühl der Kreter Aufschwung. Allerdings gingen als Reaktion darauf Osmanen mit Mord und Plünderung gegen die Griechen vor.
Am 26. Juni 1896 wurden die Mönche des Klosters Agios Ioannis umgebracht. Die europäischen Mächte reagierten alarmiert und verlangten bei der Hohen Pforte Zugeständnisse für die christliche Bevölkerung. Kreta wurde im Bereich der Ökonomie und der Justiz Eigenständigkeit zugesagt.
Als die Insel immer noch nicht zur Ruhe kam, entschieden sich die europäischen Großmächte einzugreifen. Griechenland versuchte ihnen zuvorzukommen und entsandte eine Streitmacht, die die Vereinigung Kretas mit dem Festland vollziehen sollte. Doch das Unternehmen scheiterte. 1897/98 erhoben sich die Kreter ein letztes Mal. Unter dem Druck der Großmächte erhielt die Insel den Autonomiestatus unter der nominellen Oberhoheit des Sultans.
Am 25. August 1898 flackerte noch einmal Gewalt auf, als ein wütender Mob in Iraklio hunderte christliche Zivilisten sowie siebzehn britische Soldaten und den britischen Konsul ermordete. Die Briten reagierten mit der Hinrichtung von Rädelsführern, verhängten Gefängnisstrafen und verwiesen zahlreiche Türken des Landes. Die lang ersehnte Befreiung wurde Wirklichkeit. Am 2. November 1898 verließ der letzte türkische Soldat Kreta.
Am 14. Februar 1913 wurde auf der Burg von Suda die griechische Flagge gehisst. Die Vereinigung Kretas mit dem griechischen Mutterland war vollzogen. Das lange Hin und Her zwischen westlicher und östlicher Herrschaft hatte ein Ende. Vorerst. Denn noch einmal machten sich Herrscher aus dem Westen breit. Am 20. Mai 1941 landeten Fallschirmspringer der deutschen Wehrmacht auf der Insel. Damit begann eine vierjährige Okkupation durch Hitler-Truppen.

Fünftens: Aufbrüche aus Kreta

Da steht er, der Brunnen. Und verspricht heiliges Wasser. Wie muss man sie sich vorstellen, die Menschen aus Ost und West, die hier vorbeikamen, auch schon lange bevor hier ein Kloster stand und eine Quelle sprudelte? Die Minoer, die Mykener, die Dorer, die Römer, die Byzantiner, die Araber, die Venezianer, die Osmanen, die Briten, die Deutschen? Die Pilgerinnen und Pilger, die Soldaten, die Rebellen, die Mönche? Eines wird verständlich, wenn man sich die Grunddaten kretischer Geschichte vergegenwärtigt: dass die Freiheit zu einem zentralen Wert geworden ist. Auch für Metropolit Kardamakis.

Was ist Osten? Was ist Westen? Auf Kreta haben sowohl „östliche" als auch „westliche" Kulturen ihre Spuren hinterlassen. Liegt Kreta im Osten? Im Süden liegt es auf jeden Fall. Vater Bartholomaios, der Abt des Klosters Epanosifi, wagt den Versuch einer Zuschreibung: Im „Westen" sei es seiner Beobachtung nach eher üblich, alles rational und mit den Mitteln der Logik zu erklären. Im „Osten" sei man dagegen offener und lasse das Herz sprechen.

Kreta ist nicht nur eine Insel, auf der sich Machthaber aus Ost und West abgewechselt haben. Von hier sind auch Tausende Menschen aufgebrochen, um im Westen oder Osten ihr Glück zu suchen: in Krisen und nach militärischen Niederlagen, aber auch auf der Flucht vor Armut oder auf der Suche nach einem anderen, besseren Leben. Heute, im Zuge der europäischen Finanzkrise, verlassen wieder Kreterinnen und Kreter, Griechinnen und Griechen ihr Land, viele mit dem Ziel Westeuropa. Ein griechisch-orthodoxer Priester aus Frankfurt schilderte bei einer Podiumsdiskussion auf dem deutschen Katholikentag in Regensburg seine Erfahrungen so: Angesichts der vielen Menschen und Familien, die die Kirche in Frankfurt um Unterstützung bitten, gebe es mindestens zwei Gründe, erschüttert zu sein. Die einen kommen gut ausgebildet, sind zum Beispiel Ärztinnen und Ärzte und finden sehr schnell eine neue Beschäftigung. Aber nicht nur der Priester weiß: Sie werden fehlen in ihrem Land. Andere wieder haben ihr letztes Geld für Flug oder Zug ausgegeben und stehen – hilflos zunächst – vor einem schweren Neubeginn.

Unter denen, die ihre Insel aus freien Stücken verlassen haben, sind klingende Namen: der Maler Dominikos Theotokopoulos, den man in Spanien „El Greco" nannte, der große Schriftsteller, Denker und Reisende Nikos Kazantzakis – und nicht zuletzt: der Mönch Arsenios Kardamakis aus Epanosifi, der nach Stationen in Deutschland und Frankreich 2011 nach Wien kam, um in Österreich und Ungarn als Bischof zu wirken, als Vertreter seiner „östlichen" Tradition im „westlichen" Land.

Theotokopoulos, Kazantzakis, Kardamakis. Sie haben sich den Herausforderungen der Fremde gestellt, haben andere Kulturen kennengelernt, neue Gedanken entwickelt, neue Freunde gewonnen und ein neues Zuhause gefunden – und blieben doch, alle drei, Kreter.

Kapitel 2

„EUCH FRAG ICH NACH UNS“

Reise zu einem kretischen Kloster

„Mit wem anders sollte ich kämpfen als mit Gott?“
Nikos Kazantzakis, Rechenschaft vor El Greco

Mit Arsenios Kardamakis auf Kreta zu sein heißt, einen Naturbegeisterten zu begleiten. Auch wenn er nicht darüber spricht, wird deutlich, wie sehr er seine Insel liebt. Es ist eine Liebe mit allen Sinnen. Der Metropolit zupft Blüten oder Kräuter, zerreibt sie, atmet ihren Duft, hält sie mir vor die Nase: „Riechen Sie, das ist Salbei.“ Er weiß, wo es besonders schön ist. Auf dem Rouvas, dem Hausberg seines Heimatdorfes zum Beispiel; dort kennt er jeden Stein und jeden Blick. „Von dort könnte man das Meer sehen, wenn die Sicht heute klarer wäre.“ Bei einer Frauenkooperative kauft er haltbar gemachte Lebensmittel ein. Vor allem Artischockenherzen müssen immer mit nach Wien. Keine Katze bleibt ungestreichelt, wenn sie sich in eindeutiger Absicht nähert. Die Klosterhunde Lucy und Boulouka gehen ihm zu wie einem alten Freund. Er erzählt von einem eigenen kleinen Hund, den er als junger Mönch im Kloster hatte. Er musste ihn gegen den damaligen Abt in Schutz nehmen. „Der Igoumenos wollte ihn töten“, erzählt er schmunzelnd. Der Hund überlebte.
Kardamakis liebt das Essen, die Sonne, die Berge, die Musik Kretas. Und natürlich das Meer. Ich erzähle ihm von einem Ziegenbock, den wir vor vielen Jahren bei Dreharbeiten an der steilen Westküste beobachten konnten. Als der Sonnenuntergang das Meer golden färbte, trat er auf einen Felsvorsprung und genoss das Schauspiel wie ein Romantiker des neunzehnten Jahrhunderts. Erst als der letzte Sonnenstrahl hinter dem Horizont verschwunden war, drehte sich das Tier um und ging seines Weges. Dem Metropoliten gefällt die Erzählung. Man solle Tiere nicht unterschätzen, sagt er. Die Liebe zur Schönheit, zur Natur, zur Schöpfung gehört zu Arsenios Kardamakis wie die Berge zu Kreta gehören.

Eleftherios Venizelos und die Katastrophe der „Großen Idee“

Doch zunächst bin ich ohne den Metropoliten unterwegs auf die Insel. Es wird nicht mein erster Besuch im Kloster sein. Mit einer Journalistengruppe war ich schon dort, auf Blitzbesuch. Aber niemand weiß, dass ich komme. Niemand erwartet mich. Niemand wird mich erkennen.
Wer von Athen nach Iraklio fliegt, reist von einem klingenden kretischen Namen zum anderen. Der internationale Flughafen von Athen trägt – wie „John F. Kennedy“ in New York, „Charles de Gaulle“ in Paris oder

„Franz Josef Strauß“ in München – den Namen einer historischen Politikergestalt: Eleftherios Venizelos (1864–1936). In Iraklio wird man von einem der größten Dichter Griechenlands empfangen: Der Airport ist nach Nikos Kazantzakis (1883–1957) benannt.

Im Oberstock des Athener Flughafengebäudes findet man eine kleine Ausstellung über den großen Politiker Venizelos. In Mournies nahe Chania geboren, setzte er sich schon in jungen Jahren für die Unabhängigkeit Kretas ein. 1905, als die osmanische Fremdherrschaft bereits abgeschüttelt war, führte er den Aufstand von Therisos an, dessen zentrale Forderung die Vereinigung Kretas mit Griechenland war. Als dieser Wunsch 1913 in Erfüllung ging, war Venizelos bereits Vorsitzender der von ihm gegründeten Liberalen Partei und griechischer Ministerpräsident.

Der Mann aus Kreta mit der Freiheit (*eleftheria*) im Namen wurde bald zum großen Widersacher des griechischen Königs. Er gilt als urbaner Reformer, der etwa die Schulpflicht einführte oder das Beamtendienstrecht erneuerte.

Aber sich an Venizelos zu erinnern heißt auch, an die sogenannte „Große Idee“ (*megáli idéa*) zu denken, deren vehementer Verfechter er war. Das Königreich Hellas sollte ausgedehnt werden, bis es alle griechischen Siedlungsgebiete umfassen würde – ein „Griechenland der zwei Kontinente und fünf Meere“, mit Konstantinopel, Smyrna und anderen seit der Antike von Griechen bewohnten Teilen Kleinasiens. Nach dem Ersten Weltkrieg schienen durch einige diplomatische Erfolge die Chancen dafür gar nicht so schlecht.

Doch der griechische Nationalismus traf auf jenen der Türken, die schon während des Ersten Weltkrieges gegen die christlichen Minderheiten vorgegangen waren, wobei der Genozid an den Armeniern ein besonders dunkles Kapitel der Geschichte darstellt. Mit Einverständnis der Weltkriegs-Siegermächte besetzten im Mai 1919 griechische Truppen Smyrna, stießen dann aber auf eigene Faust weiter Richtung Ankara vor. Venizelos wurde 1920 abgewählt und erlebte im französischen Exil mit, wie der Feldzug 1922 in einem Desaster endete, das die Griechen seither „kleinasiatische Katastrophe“ nennen. Allein in Smyrna kamen mindestens 30.000, möglicherweise auch bis zu 120.000 Griechen bei türkischen Racheaktionen ums Leben. Etwa 250.000 flohen, viele von ihnen mit kaum mehr als den Kleidern auf dem Leib.

Statt einen glanzvollen Sieg zu feiern musste Griechenland einen sogenannten Bevölkerungsaustausch hinnehmen. 1,4 Millionen „Griechinnen und Griechen“ und etwa 500.000 „Türken“ wurden umgesiedelt – wobei das Unterscheidungsmerkmal allein die Religion war. Das hatte

zur Folge, dass viele der „griechischen" Flüchtlinge, die jetzt nach Griechenland strömten, kein Wort Griechisch verstanden. Die Neuankömmlinge machten oft schwere Zeiten durch, bis sie sich in der neuen Heimat etablieren konnten. Der Empfang der Vertriebenen im Königreich war zunächst alles andere als herzlich.
Als Venizelos 1928 wieder Premierminister wurde, kümmerte er sich nicht zuletzt um die Integration der ins Land geströmten Flüchtlinge. Anhänger wie Gegner trugen noch lange nach seinem Rückzug aus der Politik den Namen des Ausnahmepolitikers, indem sie sich Venizelisten oder Anti-Venizelisten nannten – Zeichen einer frühen Polarisierung des Landes.

Der Flughafen von Iraklio liegt nahe dem Stadtbezirk Nea Alikarnassos, der bis zu seiner Eingemeindung 2011 eine selbständige Stadt war. Nea Alikarnassos wurde 1925 gegründet, um Flüchtlingen aus Alikarnassos in Kleinasien, dem heutigen Bodrum, nach dem Scheitern der „Großen Idee" eine neue Bleibe zu geben. Das erklärt, warum an einer großen Kreuzung, etwas klein und unscheinbar, ein Denkmal an einen großen Sohn der alten Heimat erinnert: Herodot, seines Zeichens Geograf, Völkerkundler und laut Cicero der „Vater der Geschichtsschreibung", muss hier mitten im Stadtverkehr ausharren und erzählt leise von einer Katastrophe, die vermeidbar gewesen wäre.

Zeus und Kazantzakis

Der Flug zwischen „Eleftherios Venizelos" und „Nikos Kazantzakis" dauert nur etwa 35 Minuten; die Reiseflughöhe liegt bei bescheidenen 23.000 Fuß oder sieben Kilometern. Wer einen Fensterplatz ergattert hat, kann versuchen zu erraten, welche der Zykladen-Inseln sich gerade unten im tiefblauen Wasser zeigt: Kythnos, Serifos, Paros, Milos, Sikinos, Ios, Folegandros, Thira, Anafi? Auf der Karte sehen sie aus wie durcheinandergeworfene Puzzleteile, die nach Süden fallen. Kreta wäre dann eine große Schale, die sie auffängt. Nur ein kleiner Puzzlestein ist danebengefallen: Gavdos, die südlichste der griechischen Inseln. Ein Werbefilm im Flugzeug präsentiert neben schönen Bildern gewaltige Zahlen: Griechenland verfüge über mehr als 16.000 Kilometer Küstenlinie, über mehr als 5000 historische Stätten – und mehr als 550 Klöster.
Längst ist das Flugzeug im Sinkflug, als die kretische Küste am Horizont

auftaucht. Nach einer Rechtskurve geht es für ein paar Kilometer über die Küste dahin. Die Strände und Baderesorts von Chersonissos tauchen auf, darüber Dörfer auf schroffen Hügeln. Wie Adern durchziehen Straßen und Wege die Landschaft. Im Hintergrund ragen mächtige Berge auf. Manche Hügel sind kahl und ohne Vegetation. An vielen Stellen aber trägt der rotbraune Boden das regelmäßige grüne Raster der Olivenbäume – ein Muster, das sich in den Sonnenschirmen der Strände fortsetzt. Kurz vor dem Aufsetzen verliert das Flugzeug noch einmal den Boden unter den Füßen und gleitet über dem Wasser dahin. Ein kleines Inselchen, eigentlich mehr ein Steinhaufen, liegt vor der Küste, mit einer großen griechischen Fahne darauf. Was die zu bedeuten hat? Vielleicht soll das eine Erinnerung daran sein, dass Kreta zu Griechenland gehört. Sie wäre nicht ganz überflüssig. Denn obwohl die Union mit Griechenland das Ziel langer Bemühungen war, hört man auf der Insel immer wieder – lachend, augenzwinkernd, aber doch nicht ganz ohne Ernst gesagt –, Kreta sei Kreta und Griechenland sei Griechenland, man müsse da sehr wohl zu unterscheiden wissen.

Dann berühren die Räder den Boden. Das Flugzeug rollt aus auf der Insel, die als die Wiege Europas gilt. Mythologisch gesehen, liegt das an dem allzeit lüsternen Göttervater Zeus, der sich in einen Stier verwandelte, um die schöne phönizische Königstochter Europa (vielleicht die „Breitgesichtige“ oder die „Weitsichtige“, vielleicht auch die „Dunkle“, die an das Abendland erinnert) nach Kreta zu entführen. Er ging mit ihr in Matala an Land, jenem Küstendorf im Süden, dessen Steinzeithöhlen es in den Sechzigerjahren des vorigen Jahrhunderts zu besonderer Bekanntheit brachten. Eine Hippie-Gemeinschaft hatte sie sich zur Wohnstätte auserkoren, und bisweilen waren dort Berühmtheiten wie Cat Stevens oder Bob Dylan anzutreffen. Zeus allerdings hatte mit den Höhlen nichts im Sinn. Er verwandelte sich – so zumindest eine Version des Mythos – in einen Adler und flog mit seiner schönen Beute etwas weiter ins Landesinnere, nach Gortyn. Dort, unter einer Platane, die danach ihr Grün nicht mehr verlor, zeugte er mit Europa drei Söhne: Minos, Rhadamanthys und Sarpedon.

Die dem Mythos zugrunde liegende Wahrheit ist, dass sich auf Kreta die erste europäische Hochkultur entwickelt hat. Die „Minoer“ wurden von der Forschung nach dem sagenhaften König Minos, dem ersten Gesetzgeber des Kontinents benannt. Er befehligte eine große Flotte und war vermutlich Herr über mehrere ägäische Inseln. Die minoische Kultur ist

vor allem durch fantastische Palastanlagen, die wahrscheinlich in erster Linie wirtschaftliche Zentren waren, zugänglich. Der Palast von Knossos mit seinem mächtigen Herrscher erschien manchen Zeitgenossen als das Labyrinth mit einem Ungeheuer namens Minotaurus – wobei der Name „Labyrinth" von der Doppelaxt (Labrys) stammt, die ein häufiges Motiv an den Palastwänden darstellte. Vermutlich haben die Minoer wie die Kreter von heute gerne gesungen und getanzt. Ihr Kunsthandwerk ruft heute noch Staunen hervor. Wie die Wandgemälde in den Palästen zeigen, liebten sie die farbenfrohe Schönheit der Natur, und sie waren von der Anmut der Frauen bezaubert. Die Kraft des Stiers muss sie sehr beschäftigt haben. Das Bild eines artistischen Sprungs über einen angreifenden Stier, in drei Phasen dargestellt und vielleicht als Mutprobe am Übergang zum Erwachsenwerden vollzogen, ist heute eine Hauptattraktion im archäologischen Museum von Iraklio. Wissenschaft, Recht und Kunst müssen geblüht haben, bevor eine gewaltige Hafenwelle nach einem Erdbeben auf Santorin dem Reich ein Ende setzte. Der Zeitraum, den die Geschichtsschreibung mit den Minoern in Verbindung bringt, ist gewaltig: Von der Archäologie eingeteilt in dreimal drei Phasen, dauerte er von etwa 2600 bis 1400 vor Christus.
Dass der Mythos Zeus und Europa in Gortyn landen ließ, liegt übrigens nicht nur an der sicher gewaltigen Platane. Die Stadt in der Ebene von Mesara geht bis ins Neolithikum zurück. Auch eine frühe minoische Siedlung wurde dort ausgegraben. In Gortyn zwischen den Überresten alter Geschichte zu wandern, macht den Fluss der Zeit bewusst. Der älteste erhaltene Gesetzeskodex Europas, in Stein gemeißelt, ist dort zu bewundern. Er stammt aus nachminoischer, nämlich dorischer Zeit, dürfte aber auf ältere Vorbilder zurückgehen. Die Römer hinterließen ein Amphitheater, und eine Basilika verweist auf die aufstrebende Bedeutung des Christentums im sechsten Jahrhundert. Zeus wusste schon, warum er sich in dieses vitale Zentrum und nicht in eine der Höhlen von Matala zurückzog, um das kretische Herrschergeschlecht zu zeugen. Minos und Rhadamanthys blieben übrigens in der Fantasie der Griechen über ihren Tod hinaus lebendig. Eine Begegnung mit ihnen blieb keinem Menschen erspart. Denn Minos, von Hades aufgrund seiner Weisheit berufen, saß mit Rhadamanthys in der Unterwelt zu Gericht über die Toten.

Die Reise mit Aegean Airlines ist eindeutig weniger abenteuerlich als der Flug des Zeus-Adlers mit seiner schönen Geliebten. Aber ein Weg in die Mythologie ist sie auch. Niemand anderer als Zeus höchstpersönlich wird sichtbar, während das Flugzeug ausrollt. Die vor Iraklio liegende

kahle Insel Dia sieht aus wie ein riesiger gestrandeter Wal, eine gigantische Echse oder ein gewaltiger Saurier. Das sei Zeus, erzählen manche. Er habe in seinem Bemühen, Kreta zu beschützen, die Insel so oft umkreist, bis er, zu Stein geworden, in Sichtweite der Stadt liegen blieb. Die Geschichte gibt es aber auch umgekehrt: Dia sei ein Ungeheuer, vor dem Zeus die Insel bewahrt habe. In einer recht ausführlichen Version hat Zeus das Riesentier erst erschaffen und dann die Insel vor ihm gerettet. Er sah von seinem olympischen Thron aus, dass die Kreter Jagd auf Bergziegen machten. Das erzürnte ihn, denn die Milch einer Ziege hatte ihm einst das Leben gerettet. So schuf er das Ungeheuer Dia, das die Insel fressen sollte. Niemand konnte seinen Zorn besänftigen, auch die anderen Götter nicht. Erst als man ihm sagte, dass auch seine Freunde, die Kureten, zu den Opfern seines Zornes zählen würden, lenkte er ein und versteinerte das Ungeheuer. Diese Bergdämonen hatten ebenfalls kräftig mitgeholfen, das Leben des jungen Zeus zu retten. Wie auch immer. Wenn man Dia erblickt, lässt der Göttervater grüßen.
Zeus kommt dann gleich noch einmal in den Blick. Der Giouchtas (gesprochen: Juchtas), Iraklios Hausberg, sieht von manchen Positionen einem liegenden Manneskopf täuschend ähnlich. Das sei der Kopf des toten Zeus, sagt man noch heute. Aber es ist nicht mehr so ernst gemeint wie seinerzeit. Oder war es von Anfang an mit Augenzwinkern gesagt? Jedenfalls verweist es auf die Zeit des kretischen Zeus, der mit den Jahreszeiten starb und wieder auferstand, bevor er im griechischen Olymp seine Karriere als Unsterblicher antrat.
Für mich ist der Blick auf den Berg heute vor allem Zielbestimmung: Dorthin, ganz in die Nähe des Zeus-Kopfes, will ich noch am selben Abend. Man muss an ihm vorbei, will man von Iraklio nach Epanosifi, zum Kloster des heiligen Georg.

Dass der Karsamstag kein Tag wie alle anderen ist, wird schon beim Betreten des Flugzeugs deutlich. Die Flugbegleiterinnen, deren erste Gabe in der Regel *karameles* sind, Zuckerl mit Fruchtgeschmack, überreichen den Reisenden diesmal schon beim Betreten der Kabine eine lange weiße Kerze – offensichtlich im Hinblick auf die Osterliturgie der kommenden Nacht. Auf dem Bändchen, das sich um das Wachs schlingt, ist kein frommer Spruch zu finden, sondern der Schriftzug der Airline. Frömmigkeit und Marketing geben sich ein Stelldichein. Meiner Kerze wird ein besonderes Schicksal beschieden sein. Achtlos lasse ich sie über Nacht im Mietwagen liegen, und als ich sie am nächsten Tag zu Mittag wiederfinde, ist sie zur Hälfte geschmolzen: nicht von oben nach unten, sondern der Länge nach, sodass sich der jämmerliche Anblick einer langen Halbkerze bietet – mit dem Kollateralschaden eines wachsgetränkten Beifahrersitzes. Ende April kann es auf Kreta schon sehr heiß sein.

Meine Pflicht, die Erde zu retten

„Nikos Kazantzakis Airport" prangt auf der Fassade des Flughafengebäudes. Der kretische Schriftsteller war zeitlebens an Politik interessiert und einige Male auch selbst politisch aktiv. Er war nicht nur ein Anhänger, sondern auch vorübergehend ein enger Mitarbeiter seines kretischen Landsmannes Eleftherios Venizelos. Wie dieser war Kazantzakis ein Verfechter der „Großen Idee" und des Kampfes zu ihrer Durchsetzung. Aber anders als Venizelos wurde für ihn das Schreiben und nicht die Politik zur eigentlichen Berufung. Er war ein Reisender, nicht nur zwischen Ländern, sondern auch zwischen Ideologien und Philosophien. Ein Mensch mit tausend Fragen. Ein emsiger Schreiber, der ein kaum überblickbares Œuvre hinterließ.
Der Flughafen platzt im Sommer aus allen Nähten. Er ist der größte Charter-Airport Griechenlands und übertrifft in der Hauptsaison, was die Passagierzahlen betrifft, Athen bei weitem. Für den 27. Juli 2014 meldeten die Zeitungen einen Rekord von 33.000 Menschen, die an einem einzigen Tag ankamen oder abflogen. Obwohl der Flughafen grundsätzlich gut organisiert ist, kann es zu Verzögerungen bei der Gepäcksausgabe kommen – beklemmendes Menschengewühl inbegriffen. Für solche Situationen, aber auch für die ganz normalen Warteminuten am Förderband, haben findige Computerspezialisten interaktive Spiele entworfen, die vor allem Kindern die Zeit verkürzen. An einer großen Projektionswand ist eine kretische Landschaft zu sehen – eine Bergkuppe zum Beispiel. Stellt man sich in einem markierten Bereich vor das Bild, kann man sich selbst mit diesem Hintergrund fotografieren – und das Bild auch gleich versenden. Das Schöne daran: Es steht nicht nur *ein* Bild zur Verfügung. Mit einem großen drehbaren Würfel kann man selbst aussuchen, was man im Hintergrund sehen will: einen Olivenhain, einen felsigen Abhang, einen Strand, einen Garten, den Hof einer alten Villa, die alte Festung von Iraklio, das atemberaubende Hafenrund von Chania. Ganz andächtig hat sich ein Mädchen hingestellt und nimmt Bild für Bild durch, lässt sich fotografieren und denkt sich hinein in die verschiedensten kretischen Wirklichkeiten. Immer an derselben Stelle, rechts unten nämlich, steht die Kleine, die Hände in die Hüften gestützt, und

staunt, wie gut sie in Bilder passt: Sie und der Olivenhain, sie und der felsige Abhang, sie und der Strand, der Garten, der Hof der alten Villa. Ihr Bruder hingegen springt, wirft die Arme in die Luft, setzt sich in Szene und macht Faxen aller Art. Der Erfolg ist bescheiden: Auf den Fotos erscheint er als unscharfer, durchsichtiger Schatten.

Es gibt noch ein anderes Spiel an der Bildwand: Vom Himmel regnet es kretische Produkte; mit dem eigenen Schatten kann man sie so umleiten, dass sie in einen Korb fallen: Fleisch und Käse, Obst und Gemüse aller Art – darunter die herrlichen Kartoffeln und Tomaten –, Kräuter, Honig, Käse, Wein und Oliven. Die Kinder, die nun gegeneinander angetreten sind und sich bemühen, den eigenen Korb schneller zu füllen, übersehen vollständig, dass bei jedem neuen Spiel auf dem Hintergrund ein anderes Zitat von Nikos Kazantzakis erscheint. Da liest man zum Beispiel Nachdenkliches: „Ich sagte zum Mandelbaum: Sprich mir von Gott. Und der Mandelbaum blühte." Oder Rätselhaftes: „Stirb jeden Tag, werde jeden Tag geboren. Verweigere alles, was du jeden Tag hast." Oder Anspruchsvolles: „Sag: Es ist meine Pflicht, und meine allein, die Erde zu retten. Wird sie nicht gerettet, trage ich allein die Schuld."

Im Dunkel nach Epanosifi

Es ist Nacht, als ich aufbreche. Die Rezeptionistin hat das Kloster auf der Karte markiert. Es ist nicht weit: über die Industriezone von Iraklio den Berg hinan, an Knossos vorbei und an Archanes, dem Weinort, von dem die Venezianer ein Aquädukt in die Hauptstadt bauten, um ihren Vier-Löwen-Brunnen mit Wasser zu versorgen. An der Ortschaft Giouchtas am Zeus-Kopf-Berg vorbei geht es weiter nach Choudetsi, das für ein internationales, von einem irischen Musiker initiiertes Künstlerfest berühmt ist. Das atemberaubend weite Tal, das sich nun öffnet, bleibt an diesem Abend meinem Blick entzogen. Aber die Abzweigung nach rechts finde ich auf Anhieb: „Kloster des heiligen Georgios Epanosifi" steht da, und dass es nur mehr drei Kilometer sind. Früher als gedacht, nämlich mehr als eine Stunde vor Beginn der Osternachtsfeier, bin ich am Ziel. Ich stelle den Wagen auf dem großen Parkplatz ab und gehe hinein.

Das Eingangstor steht offen; ein Lichterpfad führt zur Kirche und zum runden Brunnen. Von den Mönchen ist noch keiner zu sehen. Vielleicht ruhen sie noch etwas aus vor den Anstrengungen der Osternacht. Eine kleine Hündin kommt bellend über eine Treppe herabgelaufen und springt auf mich zu. Ihr Schwanz wedelt mit der Frequenz eines Metronoms beim Prestissimo, und wir werden sofort Freunde. Keine halbe Minute dauert es, bis sie sich auf den Rücken wirft und mir ihren Leib für Zärtlichkeiten überantwortet. Dass dieser Leib die Form einer Mortadella hat, fällt mir schon jetzt auf; später werde ich erfahren, dass das Lucy ist, einer von zwei Kloster-Haupthunden – und dass Lucy zwar ein äußerst liebevoller Hund ist, aber doch eine Charakterschwäche hat: Sie fühlt sich vermutlich als Klosterpolizistin, was in ihrer nicht einwandfreien Kommunikation mit den Klosterkatzen allzu deutlich wird. Zum Glück gibt es viele Bäume und damit Fluchtmöglichkeiten für die bisweilen mit unschön aufgeregtem Bellen verfolgten Mäusefänger.

Lucy allein macht noch keine Osternacht. Ich gehe den Weg zurück, verlasse das Kloster und wandere die Serpentinen hinter der Anlage auf den Berg hinauf. Im Tal bewegen sich vereinzelt Lichter; Motorengeräusch ist zu hören. Einige Fahrzeuge kommen am Kloster vorbei und biegen vor dem Haupteingang ab – hinunter nach Metaxochori oder hinauf zu der Straße, die nach Iraklio führt. Über mir wölbt sich ein funkelndes Sternenpanorama. Ich blicke ins Unendliche und spüre dabei die Mächtigkeit der Berge, ihre massive Schwerkraft. Der Zauber der Insel wirkt. Wie so oft auf Kreta fühle ich mich auf unbestimmte Weise „näher" – ohne beschreiben zu können, was das bedeutet. Näher der Geschichte? Den Wurzeln? Dem Firmament? Näher den eigenen Fragen, Träumen, Illusionen, Projektionen?

Das Kloster schmiegt sich an den Fuß des Berges. Es thront nicht auf dem Gipfel wie etwa die imposanten Bauten von Meteora. Oben steigt der Berg – ein Hügel eher im Vergleich –, unten öffnet sich das Tal; das Kloster hält die Balance dazwischen.
Nicht heute, nicht morgen, aber bald, so steht es zu erwarten, werde ich mit den Mönchen ins Gespräch kommen. Ich versuche, den gestirnten Himmel über mir zu nutzen, um mir über meine Position klar zu werden. Was will ich von ihnen?

Ich bin in den Räumen katholischer Tradition und zeitgenössischer Skepsis gleichermaßen aufgewachsen. Wer den Zweifel aus der Religion eliminieren möchte, eliminiert viele Menschen gleich mit. Wer die Religion nicht als Instrument nationaler Identität, sondern als Vergewisserung menschlicher Existenz versteht, gerät in ein Meer an Fragen. Und nicht immer sind die Winde günstig. Trotzdem oder gerade deshalb nötigen mir die Mönche – noch bevor ich sie kennenlerne – hohen Respekt ab. In einer Zeit, in der zumindest im sogenannten Westen die Religion von namhaften Philosophen als erledigtes Phänomen der Vergangenheit verstanden wird, in der der Zweifel gegenüber jeglicher Überzeugung die höhere Reputation besitzt und in der es vielfach – auch in Griechenland – als höchst unzeitgemäß gilt, sich mit religiösen Fragen auseinanderzusetzen, lassen Männer ihre Bärte stehen, ziehen ein schwarzes Gewand an und setzen alles auf eine Karte. Rainer Maria Rilke richtet in seiner zweiten Duineser Elegie eine Frage an die „Liebenden“: Wissen sie mehr über unser Dasein? „Euch frag ich nach uns“, schreibt Rilke. „Ihr greift euch. Habt ihr Beweise?“ Diese „Frage nach uns“ möchte ich an die Mönche richten. Sind sie nicht auch Liebende? Sie, die gemäß ihrer uralten Tradition leben, wissen sie mehr vom Leben? Haben sie Beweise? Können sie helfen in den großen Fragen der Existenz, in der Ratlosigkeit der krisengeschüttelten Gegenwart? Hält das Kloster wie sein Brunnen Wasser bereit, das für alle heilsam wäre – auch für die, die nicht im Kloster leben?

Ta-talonta, ta-talonta, ta-tala-tala-talonta. Ein Mönch zieht mit dem Klangholz um die Kirche und ruft zum Gottesdienst. Ich gehe langsam hinunter; die Feier wird bald beginnen. Mehr als drei Monate später gibt mir Vater Makarios eine knappe Antwort auf meine Frage: „Über das Leben wissen wir nicht mehr als andere. Aber vielleicht wissen wir mehr vom Tod.“

Kapitel 3

WEITE UND GELASSENHEIT

Epanosifi und der Zauber des Ortes

„Welch wunderbare Welt dies ist. Trotz allem."
Nikos Kazantzakis, Griechische Passion

Es sind noch nicht viele Menschen in der Kirche, als ich sie betrete. Aber die Feier ist schon im Gang. Ein junger Bischof leitet die Liturgie, die Mönche tun ihr Bestes, sie so schön und feierlich wie möglich zu gestalten. Die Sänger auf beiden Seiten, die ihre Stimmen abwechselnd erheben, der Bischof, die Priester, der Diakon, die punktgenau einsetzen: Nicht nur die Osternacht, jede liturgische Feier ist ein aus alter Tradition stammendes Kunstwerk, das Können und Konzentration der Mitwirkenden voraussetzt. Der Kirchenraum bietet mit den Ikonostasen und zahlreichen weiteren Ikonen, mit großen runden Leuchtern, die von der Decke hängen, und den gelben Wachskerzen, die die Gläubigen entzünden, viel zu sehen und zu betrachten. Immer wieder gibt es gottesdienstliche Handlungen, die die Blicke auf sich ziehen: eine kleine Prozession, Segnungen mit dem zweifachen und dem dreifachen Kerzenleuchter (als Symbol für die Dreifaltigkeit und die Gott- und Menschnatur Christi) oder ein Rundgang des Priesters mit der Weihrauchschelle. Besonders beeindruckend: der Tanz der Lichter. Mit einem langen Stab versetzt Vater Ephrem die Kronleuchter in kreisende Bewegung. Das tanzende Licht bringt die ganze Kirche in Schwingung.

Lichtfeier und offenes Ohr

Nach und nach kommen die Gläubigen. Im Unterschied zu mir ist das Betreten der Kirche für sie Routine und verläuft nach einem lang erlernten Ritual. Beim Eingang kaufen sie Kerzen, entzünden sie und drücken sie in den Sand der bereitstehenden Lichtgefäße. Sie bekreuzigen sich auf orthodoxe Weise, also indem sie den Querbalken des Kreuzes von rechts nach links andeuten. Sie gehen von Ikone zu Ikone und küssen sie. Sie begrüßen Freunde und Verwandte, dann suchen sie entweder einen Platz zum Verweilen oder gehen wieder hinaus.
Da meine Aegean-Airlines-Kerze, noch heil und unversehrt, im Auto liegen geblieben ist, habe ich eine neue erstanden und werde so auch zum Lichtträger, als um Mitternacht die große Prozession in den Klosterhof zieht. Ich bin überrascht, wie viele Menschen sich dort mittlerweile eingefunden haben. Hunderte Kerzen brennen, während von der Treppe neben dem Mauerbrunnen die Auferstehung verkündet wird. Die bärti-

gen Männer in ihren prunkvollen Gewändern, die immer wirksame Faszination des Kerzenfeuers in der Nacht, dazu die Steintreppe und das Ensemble von Kirchenfassade und Klosterhof ergeben ein eindrucksvolles Ganzes, das sich in die Erinnerung einbrennt. Die Worte muss ich nicht verstehen. Die Hoffnung ist in Ost und West dieselbe: Christus hat den Tod besiegt. Das Leben, das vom ersten Moment an auf den Tod zusteuert, führt über diese dunkle Grenze hinaus in eine andere Dimension. Glaube ich daran? Die Lichter funkeln; die vielen Menschen, die gekommen sind, um die alte Botschaft wieder zu hören, berühren mich. Die Skepsis hat Pause. Kaum jemals war der Ruf überzeugender: *Christos anesti*, Christus ist auferstanden.

Nach einigen Minuten ist der Höhepunkt der Osternacht vorüber. Nur wenige Gläubige ziehen sich wieder in die Kirche zurück, um mit den Priestern die Osterliturgie weiterzufeiern. Als ich gegen halb zwei den Rückweg nach Iraklio antrete, ist sie noch immer nicht zu Ende. Im Nachklang entdecke ich, dass etwas Entscheidendes geschehen ist: Mein Ohr hat sich an den für Nichtgriechen schwierigen Kirchengesang gewöhnt. Es hat sich den ungewohnten Klängen geöffnet oder besser: Es wurde aufgetan. Je länger die Liturgie dauerte, desto vertrauter wurden mir die Hymnen und Litaneien, die auf jede Unterstützung durch Begleitinstrumente verzichten. Anders als etwa die prächtigen Chöre der slawischen Tradition gibt es im griechischen Gottesdienstgesang kaum Mehrstimmigkeit. Was mir anfangs dürr und wenig einladend erschien, mit den langen Soli und Viertelton-Melismen, gewann in meinem Erleben plötzlich an Schönheit und Reichtum. Die Charaktere der einzelnen Männerstimmen traten hervor und miteinander in Beziehung. Ich begann, einzelne Wendungen und Melodien wiederzuerkennen und mich an dieser Art des Gesangs zu freuen. Dass ich dabei kein Wort verstand, verband mich mit dem Großteil der Gläubigen, denen es diesbezüglich kaum besser geht. Kurz vor Iraklio wird mir klar, dass meine Annäherung an diese Musik ein wahres Ostergeschenk ist. Als hätte man mir zum ersten Mal erlaubt, einen geheimnisvollen Raum zu betreten, zu dem ich bisher keinen Schlüssel hatte.

Georgsfest mit schnaubenden Pferden

Wenige Tage später, am 23. April, bin ich wieder zum Kloster unterwegs – diesmal mit einigen Hindernissen auf der Straße. Denn aus der ganzen Umgebung sind Reiter und auch eine oder zwei Reiterinnen mit ihren

Pferden unterwegs zum heiligen Ort. Viele der Rösser und Reiter wirken etwas ungeübt – und nervös obendrein. So kommt es, dass es trotz offensichtlicher Bemühungen vielen der meist jungen Männer hoch zu Ross nicht gelingt, ihre Pferde am Straßenrand zu halten. Ich muss mir jedes Überholmanöver gut überlegen und finde mich immer wieder mitten unter Pferden. Mehrere Male bleibe ich stehen, um dem einen oder anderen Berittenen eine verlorene Satteldecke zu reichen: Ich ernte Dankesworte und freundliche Blicke. Als ich in Epanosifi ankomme, stehen hinter dem Kloster, auf einem kleinen bewaldeten Hügel, bereits zahlreiche Hengste und Stuten, an die Bäume gebunden, aber schnaubend und tänzelnd angesichts der großen Zahl von Artgenossen und -genossinnen in nächster Nähe. Es ist das Fest des heiligen Georg, dem das Kloster geweiht ist. Weil er als Ritter auf einem Pferd in Erinnerung ist, haben an diesem Tag – wie ja auch beim Georgiritt in Bayern oder im Salzburger Land – die Pferde ihren großen Auftritt.

Den Gottesdienst erlebe ich diesmal zum Großteil von draußen. Mit Lautsprechern werden die Gesänge in den Klosterhof übertragen, wo sich wieder Hunderte eingefunden haben. Auch eine Möglichkeit, Kerzen zu kaufen und zu entzünden, ist im Hof geschaffen worden. Die Menschen sitzen in Gruppen; wer einen Platz unter der wunderbaren alten Platane ergattert hat, kann sich besonders glücklich schätzen. Die Kirche selbst wäre viel zu klein, um alle aufzunehmen. Man kann auch im Hof dabei sein. Manche hören still zu, andere haben ein Gesprächsthema gefunden. Kinder spielen. Das Kloster ist ein Treffpunkt für Menschen aus den umliegenden Dörfern, ein zentraler Motor der Gemeinsamkeit. Es scheint nicht so wichtig zu sein, die Feier in allen Details mitzuvollziehen. Aber man ist da, darauf kommt es an.
Dann ist der Gottesdienst zu Ende. Ein Zug formiert sich, mit einer großen Georgsikone und der hohen Geistlichkeit an der Spitze, mit Klosterfahnen und dem Klangholz, das Vater Ephrem so gut zu verwenden weiß. Die Pferde mit ihren Reitern sind der Prozession vorausgegangen und erwarten sie auf der Ostseite, beim Haupteingang. Hochspannung zwischen den Rössern. Eines schlägt wild aus, trifft aber zum Glück keinen der Reiter oder der Fotografen, die sich in die Gefahrenzone begeben haben, sondern ein anderes Pferd, für das ein Huftritt in den Bauch nicht mehr als eine Lappalie ist. Ein Reiter nach dem anderen tritt mit seinem Pferd am Zügel vor, um die Ikone und die ebenfalls bereitgehaltenen Reliquien zu küssen. Dass dabei eine Schimmelstute in den Reliquienkasten beißt, ist nicht der Frömmigkeit der Pferde geschuldet, sondern

eben ihrer Nervosität, die sich aber schon bald legen wird. Denn jetzt wird der Heimweg in Angriff genommen. Noch lange ist der sich in beide Straßenrichtungen entfernende Hufschlag zu vernehmen.

Im Herbst, am ebenfalls dem heiligen Georg geweihten dritten November, gibt es in Epanosifi ein anderes und ebenso beliebtes bäuerliches Fest: Erntedank und das Fest der Schafschur, das die Schäfer ins Kloster lockt. Dabei wird dem Kloster auch ein Schaf geopfert. Feiern wie diese machen deutlich, wie volksnah das Kloster ist, welchen unangefochtenen Platz es im Leben der Menschen hat. Und sie zeigen auch den Bezug zur Natur. Sechzig Katzen betreut der Abt. Er füttert sie täglich und ist mit jeder einzelnen auf Du und Du. „Ja", sagt er auf meine Frage, „natürlich kennen wir den heiligen Franz von Assisi. Wir lieben und verehren ihn sehr."

Ein folgenreicher Traum am Ort des „oberen Josef"

Der Name „Epanosifi" ist gänzlich profanen Ursprungs. Vor langer Zeit sollen sich hier zwei Cousins das Land ihrer Familie geteilt haben. Wie es der Zufall wollte, hießen beide Josef – oder, in der Koseform, „Sifis" („Sepp"). Um die beiden zu unterscheiden, nannte man den einen Sepp den unteren (*kato-*) und den anderen den oberen: Epanosifi heißt also wörtlich „der obere Sepp".

Über die Geschichte des Klosters gibt es kaum Aufzeichnungen. Historiker vermuten, dass es noch in der Zeit der venezianischen Herrschaft gegründet wurde – und schnell an Größe und Bedeutung gewann. Der heilige Georg wurde nicht zuletzt um Hilfe gegen die Pest angerufen und galt als oft erfolgreicher Kämpfer gegen die Seuche, von der Kreta häufig auf schreckliche Weise heimgesucht wurde.

Die Gründungslegende erzählt von einem Mönch namens Paisios und hat zunächst nichts mit einem Wunder oder einer Großtat zu tun, sondern mit einem höchst menschlichen Zwist. Paisios war mit einem Mitbruder so in Streit geraten, dass er sich gezwungen sah, wegzuziehen und sich ein anderes Kloster zu suchen, um in Ruhe leben zu können. Er brach frühmorgens auf, aber als es Abend wurde, war er noch weit von seinem Ziel entfernt. Da fand Paisios die kleine Georgskapelle, die an der Stelle der heutigen Klosterkirche auf dem Land des oberen Josef stand. Er beschloss, dort zu übernachten.

Im Traum erschien ihm der heilige Georg und trug ihm auf, an dieser Stelle ein Kloster zu gründen und eine Kirche zu bauen. Der Heilige zeichnete die Umrisse des neuen Tempels auf die Erde. Paisios wendete ein, die Kirche sei viel zu groß und er habe keine Mittel, sie zu errichten. Doch der Heilige versicherte, er selbst werde kräftig mithelfen. Als der Mönch am anderen Morgen erwachte und sich an den Traum erinnerte, hielt er ihn zunächst für Teufelsspuk. Aber dann fand er tatsächlich die auf der Erde eingezeichneten Umrisse einer Kirche. Da wusste er, dass seine Reise zu Ende war. Gegen alle Widerstände und Schwierigkeiten erwirkte Paisios die Erlaubnis zur Gründung des Klosters und schaffte es tatsächlich, eine große Georgskirche zu errichten. Diese erste Klosterkirche steht allerdings heute nicht mehr, denn sie wurde bei einem Erdbeben 1856 völlig zerstört und musste durch einen Neubau ersetzt werden.

Alles hat seine Zeit, alles hat seinen Ort

Damit Dinge gelingen, müssen sie nicht nur an der Zeit sein, sie brauchen oft auch den richtigen Ort. Als ein Schüler und Messdiener namens Konstantinos Kardamakis etwa im Jahr 1987 mit seiner Pfarre eine Pilgerfahrt in das Kloster Epanosifi unternahm und damals vielleicht auch zum ersten Mal von dessen Brunnen trank, fühlte er sich auf dem Berghang des oberen Josef sofort wie zu Hause. Auch Gergeri (gesprochen: „Jerjeri"), sein Heimatdorf, liegt an einem Abhang, auch dort schützt auf der einen Seite der Berg, während auf der anderen der Blick ins Weite geht. Als sich später die Gedanken an einen möglichen Eintritt ins Kloster konkretisierten, war Epanosifi die erste Wahl. Wobei das allerdings nicht allein mit geografischen Motiven erklärt werden kann. Kardamakis' spiritueller Betreuer in der kirchlichen Akademie von Athen, die er nach Gymnasium und Lyzeum absolvierte, war ein Mönch aus Epanosifi. Ohne ihn wäre vielleicht doch alles anders gekommen. So aber trat Konstantinos Kardamakis als Novize in das Kloster Epanosifi ein. Auf Anhieb fühlte er sich wohl. Aber es war ihm nicht vergönnt, lange dort zu bleiben. Nach nur acht Monaten musste er das Kloster wieder verlassen. „Ich wollte überhaupt nicht weg", erzählt er. „Ich weinte eine Woche lang. Aber Gott wollte es eben so."
Konstantinos Kardamakis musste zum Studium zurück nach Athen; das Kloster wurde zum Aufenthaltsort für die Ferien. Die Studienzeit ist für orthodoxe Kleriker auch die Zeit einer wichtigen persönlichen Entscheidung: Wer als Priester in einer Ehe leben möchte, muss vor der Priesterweihe heiraten, denn nach orthodoxem Ritus darf zwar ein verheirateter Mann Priester werden, aber ein geweihter Priester darf nicht

heiraten. Wer also nicht vor der Priesterweihe das Jawort gibt, bleibt ehelos. Für Kardamakis war diese Entscheidung längst nicht von Anfang an klar, berichtet er. Er habe lange und gründlich überlegt, ob er nicht lieber doch einfacher Priester werden und eine Familie gründen sollte. Aber am Ende war die Entscheidung klar: Er wollte Mönch werden. Gleichzeitig mit der Diakonatsweihe legte Konstantinos Kardamakis 1998 im Kloster von Epanosifi die Ordensgelübde ab. Dabei wurde ihm ein Büschel seines Haupthaares abgeschnitten und auf der Rückseite der großen Georgsikone in der Klosterkirche angebracht. Das ist ein alter Brauch, durch den die Mönche ihre dauernde Verbundenheit mit dem Kloster zum Ausdruck bringen. Der endgültige Eintritt in die Klostergemeinschaft brachte auch den Namenswechsel: Aus Konstantinos wurde Arsenios – nach Arsenios von Kappadokien, einem Priestermönch aus Farasa in Kappadokien, der im Zuge des „Bevölkerungsaustausches" mit seinem ganzen Dorf nach Korfu zog. Man erzählt von ihm, dass er auch für Muslime Wunder gewirkt habe und die Liebe Gottes nicht nur an Christen verschenkte. Fünf Autobusse kamen damals aus Gergeri. Der junge Mönch sah es gerührt: „Sie sind alle gekommen, um mich hier zu lassen."
Aber die Hoffnung auf ein stilles Klosterleben konnte sich wieder nicht erfüllen. Kardamakis musste nach Deutschland, zunächst nach Aachen, um die Sprache zu lernen. 2002 wurde er im Kloster zum Priester geweiht und übernahm dann eine Seelsorgestelle in Karlsruhe. Der Aufstieg zu einem höheren Amt schien ihm vorgezeichnet. Schon zwei Jahre später, nach einem weiterführenden Studium an der Universität Straßburg, wurde er zum Generalvikar der Metropolie von Frankreich bestellt.
Dabei war er nicht zuletzt für die Finanzen verantwortlich und musste häufig die Gläubigen um ihren Beitrag bitten, wenn das Geld für notwendige Projekte nicht ausreichte. Durch seine freundliche Art sei ihm das sehr gut gelungen, erzählt mir ein zypriotisch-französisches Ehepaar, das in Paris mit Generalvikar Kardamakis zusammengearbeitet hat und seither eng mit ihm befreundet ist.

Mönch und Bischof

Am 3. November 2011 war das Georgsfest in Epanosifi in vollem Gang, als eine freudige Nachricht die Feier um eine zusätzliche Dimension bereicherte: Arsenios Kardamakis war von der heiligen Synode des ökumenischen Patriarchats in Konstantinopel zum „Metropoliten von Austria und Exarchen von Ungarn und Mitteleuropa" gewählt worden. Der Metropo-

lit ist historisch gesehen ein „Oberbischof“ und Leiter einer aus mehreren Bistümern bestehenden Kirchenprovinz, der Exarch leitet eine Diözese in der Diaspora, also außerhalb des angestammten Kirchengebietes.
In der orthodoxen Kirche ist das Mönchtum Voraussetzung für die Bischofswürde; insofern muss jedes Kloster damit rechnen, dass einer der ihren die hierarchische Stufenleiter hinaufsteigt. Ob das für das Kloster nicht auch einen Verlust bedeute, frage ich den Abt. Ja, sagt der, es könne schon sein, dass man den Betreffenden vermisse. Aber die Freude überwiege bei weitem, denn einen Bischof in den eigenen Reihen zu haben sei für jedes Kloster eine hohe Auszeichnung. Kardamakis ist auch nicht der einzige Bischof aus Epanosifi. Noch drei andere Mitbrüder sind Bischöfe, zwei davon auf Kreta, einer in den USA.

Mindestens einmal pro Jahr kommt Metropolit Arsenios nach Epanosifi, um dort seinen Urlaub zu verbringen und das Klosterleben zu genießen. Ist er dann Mönch unter Mönchen oder Bischof unter Mönchen? Er selbst sagt, er würde gerne wieder einfacher Mönch sein – nur: Seine Mitbrüder lassen das nicht zu. Schnell zieht er die Hand zurück, wenn der Abt und die anderen Väter, darunter Freunde aus Jugendtagen, seine Hand küssen wollen. Trotzdem: Er ist und bleibt der Metropolit, auch daheim im Kloster. „Das ist immer ein kleiner Kampf zwischen uns“, lacht Vater Paisios, ein enger Freund des Wiener Bischofs, der mit ihm zehn Jahre lang studiert und zusammengelebt hat. „Er möchte sich an das Klosterleben erinnern und einfach Mönch sein, wir aber verehren sein Amt, das durch Bischofsstab und das Enkolpion (Brustikone) sichtbar ist.“ Aber am Ende, sagt Vater Paisios, arrangiere man sich doch, und es bleibe Raum für den monastischen Rückzug auf der einen und die Verehrung des Amtsträgers auf der anderen Seite. Der Metropolit macht es den Mitbrüdern leicht, dem Freund und Menschen hinter der bischöflichen Autorität nahe zu bleiben. Er ist viel eher ein mönchischer Bischof als ein bischöflicher Mönch. Jeder Besuch bei seinen Freunden und Mitbrüdern, sagt er, jeder Besuch in seinem Kloster bestätige ihn in der Wahl, die er damals getroffen hat.

Ein Ort zum Einatmen Gottes

Wir stehen gemeinsam im Hof des Klosters, umgeben von liebevoll gepflegten Blumen in großen irdenen Gefäßen. Eigentlich ist das eine große Terrasse. Tief unter der Brüstung marschieren Gänse vorbei. Hier beginnen Weideland und Olivenhaine, das wirtschaftliche Rückgrat der

Mönchsgemeinschaft. Die Sonne ist schon hinter dem Berg verschwunden, leuchtet aber noch weit ins Land hinaus mit ihrem abendmilden Licht. „Paisios hat das gut gemacht", sagt Metropolit Arsenios. Er meint in diesem Fall den Mönch der Klostergründung, nicht den Freund aus Studientagen. „Dieser Ort ist perfekt." Kardamakis zeigt uns ein Dorf, das in einiger Entfernung in der Abendsonne funkelt. Es zählt zu mehreren Ortschaften, die um das Kloster herum entstanden sind und in engem Austausch mit diesem stehen.

„Dieser Blick, diese Weite: Das ist Freiheit", sagt Bischof Kardamakis und genießt sichtlich, was er sieht. So wie ein Dichter einen Ort braucht, an dem die Inspiration fließen kann, so sucht auch der Mönch einen Ort, an dem es ihm gelingt, die Beziehung zu Gott aufzubauen. Für den Metropoliten ist Epanosifi der ideale Ort dafür. Der Berg im Rücken, das ist für ihn gleichsam der Hinterkopf: notwendig, spürbar, aber nicht zu sehen, wenn man ins Tal schaut. Dabei geht der Blick nicht ins Unendliche. Am Ende des weiten Tales bilden Gebirgszüge den Horizont. Da hilft dann die Fantasie, um noch weiter zu sehen. „Dort liegt Libyen ... ", sagt er. Dann dreht er sich um einen Viertelkreis nach links, „... und dort Ägypten." Für einen Mönch ist Ägypten nicht in erster Linie der Ort aktueller politischer Katastrophen, sondern der Raum, in dem Asketen wie Antonios, der Vater des christlichen Mönchtums, vor Jahrhunderten diese Lebensform entwickelt haben.

Er sei froh, sagt Arsenios Kardamakis, dass Epanosifi ein „idiorrhythmisches" und kein „zönobitisches" Kloster ist. Das heißt: Von einigen wenigen Fixpunkten wie Morgen- und Abendgebet sowie Sonntagsliturgie mit anschließendem fakultativen Mittagessen für die Anwesenden abgesehen, lebt jeder Mönch nach seinem eigenen Plan und Rhythmus. Selbst wenn für die Vesper keine Zeit ist, wird das ohne Probleme nachgesehen. So ist denn in Epanosifi auch eine Gemeinschaft von Individualisten mit unterschiedlichen Berufen und Begabungen versammelt. Einer widmet sich mit Hingabe seinem Garten, ein anderer schreibt seit dreißig Jahren an einem großen Werk, einige sind Pfarrer in den umliegenden Dörfern, Vater Makarios unterrichtet Bioethik an der Universität und ist Pressereferent der Erzdiözese Iraklio. Die Mönchszellen sind durchaus geräumig, meist mit dem Schlafraum im ersten Stock. Hier lässt sich gut leben. Es gibt keinen Pförtner. Das Tor zu der Anlage steht praktisch immer offen. Dementsprechend kommen und gehen auch Touristen- und Pilgergruppen je nach ihrem eigenen Zeitplan.

Er könnte unmöglich in einer Klostergemeinschaft leben, in der alles genau geregelt und vorgeschrieben ist, erklärt der Mönch Arsenios und macht es ganz klar: Der heilige Berg Athos, die berühmte Klöstergemeinschaft in Nordgriechenland, wäre nichts für ihn. Rückzug hinter Klostermauern? Genau geregelter Alltag? Strenges Betretungsverbot für Frauen? Das gibt es in Epanosifi nicht. Hier gehen auch Frauen aus und ein. Hier ist man froh, wenn Mütter und weibliche Verwandte an Festtagen mithelfen, damit alles gelingt. Die Mutter des Abtes ist jeden Sonntag da und unterstützt Vater Ephrem in der Küche. Sie habe nie das Gefühl gehabt, ihren Sohn an das Kloster zu verlieren, sagt sie. Eher habe sie andere Söhne hinzugewonnen.

Dennoch nehmen die Männer ihre Berufung keineswegs auf die leichte Schulter. Das spirituelle Leben ist nicht einfach und vergnüglich, es bedeutet immer auch Kampf.

Der Blick ins Weite, mit dem man hier nie zu Ende kommt, führt, so Arsenios Kardamakis, in eine Empfindung von Freiheit und Gelassenheit. Für ihn drängen sich Parallelen zum religiösen Leben auf, denn Freiheit sei im Christentum ein zentraler Begriff. „Wer frei ist, hat keine Angst." Dieser Blick ins Tal beruhige ihn, sagt Metropolit Arsenios. Warum? „Vielleicht weil hier der Schöpfer zu sehen ist – zu sehen, zu hören und zu riechen. Weil man Gott hier einatmen kann – und mit ihm leben."

Am nächsten Tag habe ich eine Frage an Vater Dorotheos, der sich sehr interessiert zeigt, mir wichtige Aspekte orthodoxer Spiritualität aus seiner Sicht näherzubringen. Ich möchte wissen, ob es diesen „Zauber des Ortes" auch im spirituellen Sinn gibt. „Gott ist doch überall, er hat nach christlichem Verständnis alles geschaffen", sage ich. Vater Dorotheos stimmt zu. „Ist es dennoch möglich, dass es an einigen Orten leichter fällt, ihm nahezukommen, als an anderen?"

Ja, sagt Vater Dorotheos, das sei durchaus möglich. Gott sei tatsächlich an manchen Orten eher zu erfahren als an anderen. Aber man dürfe nicht vergessen, die Sache auch von der anderen Seite zu betrachten. „Heilige Menschen", sagt er, „können auch umgekehrt den Ort, an dem sie sind, zum Strahlen bringen."

Kapitel 4

LICHT

Und eine im Dunkeln liegende Biografie

„Der Mönch ist ein Licht,
das wegen der Glut seines Herzens nicht erlischt.“
Johannes von der Leiter, Kleine Philokalie

Ouranos polyfotos. Ein Himmel voller Lichter. So beginnt ein Text, der über dem Eingang in die große Klosterkirche von Epanosifi zu lesen ist. Allerdings stehen nur die Konsonanten dort, die Selbstlaute kennen die Mönche. Vater Paisios und Vater Dorotheos fangen sofort an, den Hymnus auswendig zu zitieren, als ich sie frage. Der Himmel voller Lichter, der in den Nächten über Epanosifi steht, ist hier ein Bild für die Kirche. In der Folge bittet das Gedicht darum, dass das Haus fest stehen möge, auch wenn der Wind an ihm zerrt – eine deutliche Anspielung auf das Erdbeben von 1856, das die alte Kirche dem Erdboden gleichmachte. Und gleichzeitig eine Bitte darum, dass man fest stehen werde im Glauben.
Die Lichter des Himmels findet man wieder, wenn man den Gottesraum betritt und die großen Leuchter sieht. Dazu schimmern die Kerzen, die die Gläubigen anzünden. Damit sie weiterbeten, wenn die Gedanken abschweifen. Der Sommer bietet zur Zeit der Vesper in der Klosterkirche ein Lichtspiel besonderer Art: Die Muttergottes-Ikone in der Mitte des Raumes strahlt in ihrem kostbaren vergoldeten Ikonenkasten wie von innen. Es ist ein altes Bild mit Spuren der Zerstörung. Ein Riss geht von oben nach unten durch das Gesicht der Madonna. Aber dieses Licht heilt. Es kommt direkt von der Sonne, die – schon abendlich rötlich – durch eine Glasrosette auf die Madonna scheint. Ein erstaunliches Zusammenspiel von Himmel und Architektur.

Kretas Licht und die dunkle Höhle des Zeus

Das Erlebnis von Licht gehört zu Kreta wie das Meer und die Berge. Dasselbe Stück Natur verändert seinen Charakter, wenn das Licht wechselt. Zumindest im Sommer zucken die Kameraleute am späten Vormittag mit den Achseln und mahnen eine längere Pause ein. Wenn die Sonne steil von oben scheint, wirkt die Landschaft verkürzt und flach. Das Auge erkennt den Reiz der Berge, Schluchten und Täler, aber die Begeisterung ist gedämpft. Ähnliches tritt ein, wenn eine Dunstschicht den Himmel weiß färbt und das Licht einen metallenen Charakter annimmt.

Was schön war, bleibt schön, aber es ist kein Vergleich mit den kostbaren Stunden, in denen das warme Morgen- und Abendlicht das Land modelliert. Dieses Licht ist klar und mild und geht zu Herzen.

Der alte Göttervater Zeus wurde als „Gott des Himmels und seines strahlenden Glanzes“ (so Ludwig Preller in seiner heute noch lesenswerten „Griechischen Mythologie“ von 1860) gesehen und daher mit Vorliebe auf Bergen verehrt, wo man ihn sich als „im Lichte thronend“ dachte. Aber auch Zeus hat klein angefangen, folgt man der kretischen Mythologie.

Der kleine Baby-Zeus in seiner idäischen Höhle muss sich gefreut haben über den blauwarmen Himmel und die Lichtstrahlen, die zwischen seine ernsten Felsen fielen. Wenn er sich aufmachte, um vor der gewaltigen Höhle zu spielen, sah er hinunter auf die Nida-Hochebene, die damals vielleicht noch von Bäumen bewachsen war. Wenn die Schaf- und Ziegenherden zu dieser Zeit auch schon Glöckchen trugen, war das wohl die erste Musik, die an das Ohr des kleinen Gottes drang. Die Reise zum Geburtsort des Zeus ist ein Abenteuer für sich: Von Iraklio geht es kurvenreich nach Anogia, dann weiter über endlose Serpentinen – vorbei an Schafen, die manchmal so reglos in den Felsen stehen, als hätte Madame Tussaud sie hingestellt –, bis die Hochebene in ihrem Glanz und ihrer herben Kargheit erscheint. Die historische Wahrheit hinter den mythologischen Erzählungen ist, dass die Höhle ab der zweiten Hälfte des zweiten vorchristlichen Jahrtausends zu Kultzwecken verwendet wurde: für Pilgerfahrten, Initiationsrituale und andere religiöse Feiern zur Ehre des Zeus. Erst im vierten Jahrhundert nach Christus verlor die Höhle ihre kultische Funktion – ein Hinweis auf die wachsende Bedeutung des Christentums.

Leider hat die Geschichte mit der Geburt des Zeus in der idäischen Grotte einen Haken. Es gibt nämlich noch eine zweite Höhle, die das Ereignis für sich beansprucht. Sie liegt bei Psychro, einem Ort in der Hochebene von Lasithi, nennt sich die „diktäische“ und trumpft gegenüber der idäischen Grotte mit gewaltigen Tropfsteinen auf. Die idäische allerdings lässt mehr Raum für die Fantasie, die sich ausmalt, welche Rituale hier vollzogen wurden oder auch wie das Zeus-Kind von Amaltheia gesäugt wurde. Auch bei der diktäischen Höhle verweist die Archäologie auf intensive kultische Nutzung schon in prähistorischer Zeit. Interessanterweise liegen beide Höhlen über einer Hochebene – dort, wo vermutlich Hirten mit ihren Ziegen und Schafen unterwegs waren. Genau genommen gibt es sogar noch mehr Höhlen, die sich als Geburtsstätten des

Gottes verstehen. Der kretische Zeus war ja zunächst kein unsterblicher, sondern ein sterblicher Gott. Ob und wie er in Kontinuität mit dem von den Minoern verehrten „jugendlichen Gott“ steht, darüber diskutiert die Wissenschaft.

Wer auch immer im Streit der Höhlen das bessere Argument hat, die Geschichte, die über Geburt und frühe Kindheit des Zeus erzählt wird, ist hier wie dort dieselbe. Der Gott Kronos war der Sohn der Gaia und des Ouranos. Nachdem er auf Betreiben der Mutter seinen Vater entmannt hatte, wurde er selbst zum Herrscher der Welt und zeichnete für ein goldenes Zeitalter verantwortlich. Er heiratete seine Schwester Rhea, die Göttin der Fruchtbarkeit und der Mutterschaft, die wenig überraschend zahlreiche Kinder gebar. Das Glück wäre also perfekt gewesen. Allerdings fürchtete Kronos, der laut Auskunft der Experten schon früh – und etymologisch nicht ganz korrekt – mit „Chronos“, also der Zeit, in Verbindung gebracht wurde, um seine Alleinherrschaft. So fraß er vorsorglich seine Kinder, damit sie ihm nicht gefährlich werden konnten: Hestia, Demeter, Hera, Hades und Poseidon – nicht die unbedeutendsten der Göttinnen und Götter Griechenlands. Als der jüngste Spross, Zeus, geboren werden sollte, tat Rhea alles, um den grausamen Übergriff väterlicher Autorität diesmal zu verhindern. Sie versteckte ihren Sohn in der Höhle, sei es im Ida-Gebirge, sei es auf der Lasithi-Ebene, und gab ihrem Gemahl anstelle des Kindes einen Stein, den dieser auch prompt vertilgte.
Zeus wuchs unter der Obhut der Amaltheia auf. Die Angaben darüber, ob sie eine Nymphe mit einer Ziege war oder die Ziege selbst, gehen auseinander. Jedenfalls wurde der kleine Zeus mit viel Ziegenmilch großgezogen. Die Gefahr war allerdings noch nicht vorüber. Was, wenn der eifersüchtige Vater den Betrug entdeckte? Davor bewahrten Zeus die Kureten, die schon zur Geburt des Zeus-Kindes einen eindrucksvollen Tanz aufgeführt hatten. Eigentlich waren sie eine Furcht erregende Truppe von bis an die Zähne bewaffneten kretischen Bergdämonen, neun an der Zahl. Aber für die Sorge um den kleinen Gott waren die Kureten genau die Richtigen. Wenn sich Zeus als Säugling oder Kleinkind hören ließ, übertönten sie das Kindesgeschrei durch Kriegsgesänge und Waffenlärm.
Zeus wurde erwachsen und besiegte tatsächlich – Kronos hatte es befürchtet und verursacht – seinen Vater. Er zwang ihn, auch die einst verschluckten Geschwister wieder auszuspucken. Dabei trat selbst der Stein wieder ans Tageslicht. Zeus ließ ihn in Delphi ausstellen, zur Er-

innerung an diese einzigartige Geschichte. Es geschieht jedenfalls nur in Ausnahmefällen, dass die Zeit wieder hergibt, was sie einmal verschlungen hat.

Die Göttergeschichten Griechenlands ziehen mit ihrer blühenden Fantasie heute noch in den Bann. Ich lade Metropolit Arsenios zu einem Gedankenspiel ein – zu einer von Historikern zu Recht verpönten Wenn-dann-Überlegung. „Hätte der Apostel Paulus seine Missionsreisen von Ost nach West nicht angetreten, wäre das Christentum nicht nach Kreta gekommen oder hätte sich nicht durchgesetzt, dann wären Sie vielleicht heute ein Zeus-Mönch." Der Bischof lächelt. „Schon möglich", sagt er. An der Wahrheit des Christentums lässt er keinen Zweifel aufkommen. Aber er findet, die Mythologie gehöre genauso wie die griechische Philosophie zur Geschichte Griechenlands und zur Geschichte Kretas – also auch zu seiner, des christlichen Bischofs Geschichte. Auf Schritt und Tritt stößt man in Kreta auf die Spuren der Antike. Kirchen wurden oft aus Teilen älterer Tempel errichtet. – „Das Heilige nimmt im Lauf der Zeit andere Formen an", sagt Kardamakis. Es wäre sinnlos, die alte Geschichte Kretas nicht anzunehmen, und unmöglich sowieso. Im Gegenteil, dem Bischof macht es sichtlich Freude, dass seine Insel auch schon in grauer Vorzeit Faszinierendes zu bieten hatte. Und dass „Europa dort angefangen" hat. Durch und durch fühlt er sich Kreta verbunden. Obwohl für immer weggezogen, sagt er von sich: „Ich bin Kreter und werde immer Kreter bleiben."

Das Licht von Fodele

Nur in Ausnahmefällen also spuckt die Zeit wieder aus, was sie vertilgt hat. Zu einer solchen Ausnahme bin ich eines Frühlingstages unterwegs in ein Dorf, das nur etwa 25 Kilometer von Iraklio entfernt nahe der Küste liegt. Dort wird deutlich: Wen Chronos aus seinem Bauch entlässt, der wird unsterblich.

Kurz vor der zentralen Plateia zweigt eine Straße nach rechts ab und führt stetig nach oben, vorbei an blumengeschmückten Häusern durch eine grüne Landschaft, in der die *zizikas* oder Zikaden den Soundtrack liefern. Neben der Straße verläuft ein malerisches Tal mit Orangenbäumen. Die Hänge sind mit Bäumen und Sträuchern dicht bewachsen. Blickt man nach vorne und nicht zurück, wo eine riesige Bausünde ihre Beton gewordene Geschmacklosigkeit in hartem Widerspruch zur Natur-

idylle behauptet, so könnte man an einigen Punkten meinen, man wäre irgendwo weit weg von menschlicher Behausung mitten im Grünen.
Aber dann zeigt sich oben eine kleine Kirche. Und eine Muttergottes zieht die Aufmerksamkeit auf sich. Es ist die Kopie eines Gemäldes, in stark reduzierter Farbigkeit, angebracht an einem Strommast. Die Natur ist ein ungewöhnlicher Rahmen für ein Bild, das sonst in einer Kirche oder einem Museum hinge. Und das Licht, das das sanfte Antlitz der jungen Frau mit dem zum Betrachter gewendeten Blick umfließt, kommt eindringlich zur Geltung. Wenige Meter weiter: die nächste Madonna am Strommast. Diesmal thront sie im Himmel, das Jesuskind auf dem Schoß, von Engeln umgeben. Der Eindruck einer leichten Überstrahlung oder Überbelichtung wiederholt sich. Er wird nicht nur durch das Interesse des Malers an der Lichtführung in seinen Gemälden hervorgerufen, sondern auch durch den ausgebleichten Zustand der Reproduktion. Auch dieses Bild steht in eindrucksvollem Dialog mit der umgebenden Pflanzenwelt und dem Himmel darüber. Es ist April; der Wind treibt große graue Wolken über das Himmelsblau.
Dann ist die kleine byzantinische Steinkirche erreicht. An einem Zaun hängt ein großes Plakat. Jesus, die Hand auf dem Kreuzbalken, kommt mit nach oben gerichtetem Blick auf den Betrachter zu. Auch er ist von Licht umstrahlt. Ein Pfeil über dem Plakat und ein Schriftzug lenken den Schritt zum Museum jenes Mannes, der die Originale der hier im Freien hängenden Bilder geschaffen hat. Aus Kreta kommend, hat er in Spanien Karriere gemacht: Dominikos Theotokopoulos, genannt El Greco.

Stufen führen zu einem Steinbau, der an den größten Maler Kretas erinnern und sein Geburtshaus repräsentieren soll. Das Ambiente ist äußerst einladend. Bäume beschatten eine kleine Terrasse unterhalb des Eingangs, auf der Getränke kredenzt werden. Die allgegenwärtigen Zizikas singen aus Leibeskräften. Die Luft ist duftgeschwängert. Den Eingang in das Haus markiert ein Gemälde des Malers, das zu seinen bekanntesten zählt – eine säkulare Ikone der Gegenwart wie das Marylin-Monroe-Bild von Andy Warhol oder das unzählige T-Shirts zierende Che-Guevara-Foto. Es handelt sich um ein Beispiel der großen Porträtkunst des Meisters: ein spanischer Adeliger mit weißer Halskrause, der seine rechte Hand – eine Schwurgeste? – auf die Brust gelegt hat. Eigentümlicherweise stehen alle Finger voneinander ab, nur Mittel- und Ringfinger liegen eng aneinander – ein rätselhaftes Zeichen, das bei Theotokopoulos häufig zu finden ist.
Das Museum selbst ist klein und fein; wer sich allerdings Originalgemälde erwartet, wird hier enttäuscht. Die Reproduktionen berühmter

El-Greco-Werke werden auf Glaskästen mit Hintergrundbeleuchtung präsentiert, was einerseits die Bilder den Originalen einigermaßen entfremdet, andererseits aber das geheimnisvolle, oft unwirkliche Licht in ihnen gut zur Geltung bringt. Manchmal, besonders eindrucksvoll etwa in dem Bild „Die Entkleidung Christi“ aus Budapest oder einer „Kreuzigung Christi“, deren Original in Athen zu sehen ist, bilden dunkle Wolken den Hintergrund; Licht bricht durch die Wolkenränder und liegt wie ein erstarrter Blitz über dem ganzen Bild. Dann wieder strahlt es von einer unsichtbaren Quelle auf und gibt der Szenerie einen packenden Rhythmus.

Noch ein Streit um die Herkunft

Die Ausstellung hat – neben der Erinnerung an einen Großen des Landes – vor allem einen Zweck: Sie möchte die Besucher davon überzeugen, dass der große Künstler Dominikos Theotokopoulos tatsächlich in Fodele und nirgendwo sonst geboren wurde. Der freundliche junge Mann an der Kassa hat schon unmissverständlich darauf hingewiesen: Man habe Quellen gefunden, sagt er, nach denen El Greco in einem Dorf nahe der Stadt Candia (heute Iraklio) geboren wurde, und zwar in der Nähe einer byzantinischen Kirche. Die kleine Kirche vor dem Museum sei nun aber die einzige ihrer Art im weiten Umkreis. Hier müsse also früher das Haus der Familie gestanden sein, nicht von ungefähr habe die Gegend nach dem Namen der Familie „Theodokianá“ geheißen.
Den Anstoß zur sogenannten „Fodele-These“ gab ein spanischer Forscher namens Manuel Cossio, der für sein 1908 erschienenes Buch über El Greco den spanischen Botschafter in Athen bat, auf Kreta Nachschau zu halten, ob dort Nachkommen der Familie Theotokopoulos zu finden wären. Der Botschafter gab den Auftrag an einen Ehrenkonsul auf Kreta weiter, und dieser wurde in Fodele fündig. Nur: Der Mann, den er zum möglichen Nachkommen El Grecos erklärte, hieß Leonidas Theotokis, nicht Theotokopoulos. Obwohl die unterschiedlichen Namensendungen einigen Erklärungsbedarf mit sich brachten, legte sich Cossio in seinem Buch fest: Fodele – aus dem ein Druckfehler dann auch noch „Todele“ machte – sei der Geburtsort El Grecos.
In den Schauvitrinen des Museums nimmt die Darstellung eines Ereignisses großen Raum ein: Im Juli 1934 kam eine gewichtige Delegation nach Fodele – Wissenschafter der Universität Valladolid in Spanien. Sie bestätigten die „Fodele-These“. Mit im Gepäck hatten sie eine El-Gre-

co-Büste, die heute vom Museumsausgang unter einer griechischen und einer spanischen Flagge ins Weite blickt. Die Spanier hatten auch einen Steinblock mit einer darauf montierten Kupferplatte mitgebracht. Ihre Hochachtung vor dem Heimatdorf des berühmten Kreters wird da in gedrechselter Sprache zum Ausdruck gebracht:
„Die historische Fakultät der Universität Valladolid, die Seele im Herzen von Kastilien, überreicht diesen Stein, in Toledo gebrochen, an Fodele – in Erinnerung an den unsterblichen Ruhm des Dominikos Theodokopoulos." Der Stein mit der Tafel steht heute gleich neben der „Seele im Herzen" von Fodele, der uralten Platane auf dem Dorfplatz, in deren hohlen Stamm selbst ältere Semester für ein Urlaubsfoto klettern.

Auf der Terrasse vor dem Museum setzt sich ein älterer Dorfbewohner zu mir. Das Gespräch hat noch gar nicht richtig begonnen, da stellt er schon im Brustton der Überzeugung fest: „Er ist hundertprozentig von hier."
Fodele wäre zweifellos auch ohne den großen Sohn ein Dorf, das sich zu besuchen lohnte: Die hügelige Umgebung lädt zu Wanderungen ein, die Orangenplantagen bieten Nordlichtern exotisches Flair, der Fluss, der mitten durch das Dorf führt, hat ein Tal geschaffen, das sich heute als Dorfzentrum bewährt und den Gärten der Tavernen Raum bietet.
Aber wer würde den Namen kennen und nennen, schiene nicht El Grecos Licht auf Fodele? Nicht nur weist der große Maler Busladungen von Menschen den Weg, er hat das Dorf an die große Welt herangeführt. Fodele und Toledo – das unscheinbare Bauerndorf als der Ort des Lebensbeginns eines Weltstars, der alte spanische Sitz der Krone als sein Ende: Da glänzt im Lichtermeer der Weltgeschichte ein Fünkchen mit dem Namen Fodele. Später sagt mir ein Lokalpolitiker aus Fodele: „Wir haben die Sache ja nicht selbst erfunden. Die Spanier haben uns El Greco gebracht. Aber wir sind verpflichtet und willens, an ihm festzuhalten."

Wissenschafter melden allerdings an der Fodele-These heute ernste Zweifel an. Und das ist noch milde ausgedrückt. Der Kunstprofessor an der Universität Kreta und El-Greco-Experte Nikos Chatzinikolaou wirft den Fodele-Anhängern vor, sie würden wissentlich einen Schwindel weiterbetreiben. Die Auseinandersetzung muss hier nicht in allen Einzelheiten dargestellt werden. Pavlos Tzermias hat sie in seinem Essay „Der Kreter Dominikos Theotokopoulos genannt El Greco. Ein unbekannter Berühmter" nachgezeichnet. Das Hauptargument gegen Fodele ist ein Schriftsatz, der aus den spanischen Akten der Inquisitionsbehörde erhalten geblieben ist. Theotokopoulos wurde als Dolmetsch vor das Gericht gebeten und gab, befragt über seinen Geburtsort, unzweideutig an: „Ciudad de Candia“, die Stadt Candia. „Candia“ war damals, unter der Herrschaft der Venezianer, der Name sowohl der gesamten Insel als auch der Hauptstadt. Aber „Ciudad de Candia“ sollte alles klarmachen. Die Fodele-Anhänger geben freilich auch in diesem Punkt nicht klein bei: Er könnte ja die nächstbekannte Stadt erwähnt haben, um nicht kompliziert erklären zu müssen, wo sein Dorf liegt. Und auch sie geben ja zu, dass Dominikos in jungen Jahren nach Iraklio gezogen ist. Dennoch: Die Fodele-These steht auf schwachen Beinen. Während langsam auch die Reiseführer ihr Ausflugsziel mit einem Fragezeichen versehen, wird zum Beispiel in Toledo oder Madrid wie auch in diversen Lexika ohne Umschweife Iraklio als Geburtsort genannt.

Der Streit schwelt. Er wurde im El-Greco-Gedenkjahr 2014 neu entfacht, als eine Abordnung von Politikern aus Toledo nach Iraklio kam, um eine Städtepartnerschaft zu besiegeln. In Fodele war man verärgert.

Aber es ist nicht nur eine Auseinandersetzung zwischen einem Dorf und einer Stadt. Es ist auch ein Widerstreit der Ideologien. Von Anfang an fand die Fodele-These vor allem bei nationalistisch gesinnten Autoren Anklang. Sie sahen in dem großen Künstler einen „Ideal-Griechen“. Der junge Kreter, der in die Welt zog und dort, seinem Griechentum treu, wahre Heldentaten vollbrachte: Wem die Motive einer solchen Heldengeschichte zu durchsichtig schienen, der schloss sich eher dem Anti-Fodele-Lager an. Das Problem ist, dass über das Leben des Dominikos Theotokopoulos eben sehr wenig bekannt ist. Das ist die beste Voraussetzung dafür, dass Theorien und Vermutungen ins Kraut schießen. Ist Theotokopoulos kritisch zu sehen, weil er sich als orthodoxer Christ ins Zentrum der katholischen Kirchenmacht und Inquisition begab, Konversion eingeschlossen, und sich ihren Gesetzen und Ansprüchen unterwarf? War er ein Freigeist, der es verstand, seiner künstlerischen Entwicklung – koste es, was es wolle – die bestmöglichen Voraussetzungen zu schaffen? War er das Zufallsprodukt eines Schicksals, das ihn in die Fremde führte und dort zum Genie reifen ließ? Blieb er trotz aller Weiterentwicklung seinem Erbe treu oder erfand er sich, je nach Umgebung, in Venedig, Rom oder Toledo neu? War er ein Byzantiner mit lateinischer Schlagseite oder erklärt sich sein Erfolg ausgerechnet in Toledo durch alte arabische Kulturströmungen, denen ja sowohl Kreta als auch Spanien ausgesetzt waren? Der Mann steht, wie Pavlos Tzermias formuliert, „im Schatten seiner Bilder“. So hat der Streit um seine Herkunft beinahe mythologische Züge: Wieder geht es um die Frage, in welcher Höhle

der Unsterbliche geboren ist. Allerdings: So sehr wesentliche Teile der Biografie des Dominikos Theotokopoulos im Dunkeln liegen, sein Werk strahlt im Licht. Viele Bilder von seiner Hand, die er vor mehr als 400 Jahren auf die Reise durch die Zeit geschickt hat, sind wohlbehalten in der Gegenwart angekommen. Der Maler, der über sein Leben weitgehend schweigt, spricht laut durch seine Gemälde.
Diplomatisch formuliert eine Kunsthistorikerin im historischen Museum von Iraklio, das dem großen Kreter vierhundert Jahre nach seinem Tod eine Ausstellung über seine Jahre in Venedig und Rom gewidmet hat: „Wo immer er geboren ist, die ganze Insel kann stolz auf ihn sein."

Ikonen und schauende Bilder

Unstrittig ist heute, dass Dominikos Theotokopoulos beim Verlassen Kretas nicht mehr der unbedarfte Jüngling war, als den man ihn lange gesehen hatte. Er war früher geboren worden, vermutlich 1541, und brach später, mit ungefähr 25 Jahren, nach Italien auf. Er war damals kein Schüler mehr, sondern ein Meister der Malerei. Nach dem Fall Konstantinopels wurde das venezianisch beherrschte Candia zum Zentrum byzantinischer Kunstproduktion. Viele Meister ihres Faches waren dorthin geflohen. Zunächst wurde defensiv und konservativ gemalt, doch als man sich mit den katholischen Besatzern mehr oder weniger arrangiert hatte, entstand die sehr lebendige „kretische Schule" der Ikonenmalerei, die diese Kunst zu einer Blüte führte. Katholiken und Orthodoxe lebten in Iraklio Seite an Seite. Viele Expertinnen und Experten nehmen heute an, dass die Künstler dieser Zeit durchaus, je nach Auftrag, sowohl gemäß orthodoxer Tradition als auch „alla Veneziana" produzieren konnten. Vielleicht trifft das auch für Theotokopoulos zu. Jedenfalls – das geht aus wenigen erhaltenen Frühwerken hervor – wurde er in der Kunst des Ikonenmalens ausgebildet. Künstlerisch hieß das zum Beispiel, die Erfüllung von klaren Vorgaben gegenüber eigenen Ideen zurückzustellen, eine zweidimensionale Darstellungsweise anzustreben und das Licht so zu malen, als käme es aus den Figuren selbst und verdanke sich keiner externen Quelle. Die Ikone sollte nichts Irdisches abbilden, sondern eine Verbindung zum Übernatürlichen schaffen. Aus überlieferten Texten geht hervor, dass das Ikonenmalen selbst als ein höchst spiritueller Akt gedacht war – mit hohen Anforderungen an Moral und Gebetsleben der Künstler.
Es ist viele Jahre her, dass ich im Zuge eines Filmprojekts kretische Ikonenmalerinnen bei ihrer Arbeit beobachten konnte. Nonnen des Klosters

Chrysopigi nahe Chania saßen im Malraum zusammen, mit Farbe, Pinsel und Stützstab ausgerüstet, vor ihnen auf den Staffeleien die Ikonen in unterschiedlichen Phasen der Entstehung. Aber das waren keine emsigen Handwerkerinnen mit flinken Händen und routinierter Arbeitsabwicklung, sondern Beterinnen, in Betrachtung vertieft, mit geschlossenen Augen. Von Zeit zu Zeit wachte die eine oder andere gleichsam auf, setzte einen Strich, eine Kontur, malte eine kleine Fläche – und versank erneut in den unserer Wahrnehmung nach tranceartigen Zustand. Als wollten sie Holz und Farbe um Zustimmung zu dem großen Werk bitten. Als müsste für jeden Pinselzug um die Gnade gebetet werden, dass die Ikone ihre wahre Aufgabe auch erfüllen könne. In ihrem Selbstverständnis waren die Nonnen denn auch keine Künstlerinnen, sondern Dienerinnen am Heiligen und an den Menschen. In der abgeklärten Ruhe, die ihre Motive ausstrahlten, spiegelte sich die Gebetsstille der Malerinnen wider. Erst damals begann ich zu verstehen, was mir noch in Zeiten der Sowjetunion ein für Ikonen zuständiger Chefrestaurator an der Leningrader Eremitage gestanden hatte: Für die Wiederherstellung einer Ikone, sagte er, müsse man gläubige Malerinnen und Maler engagieren. Alle anderen könnten die Technik noch so gut beherrschen, das Ergebnis wäre nicht befriedigend.

Dominikos Theotokopoulos war kein Ordensmann. Es heißt, er hätte auf Kreta schon geheiratet und sei dann viel später, in Spanien, eine neue Liaison eingegangen. Wie tief sein Bezug zu den Inhalten des Glaubens war, wie sehr auch seine Ikonen einem Gebetsprozess entstammen, lässt sich heute nicht mehr mit Sicherheit sagen. Aber auf jeden Fall war ihm die tiefe Bedeutung der Bilder wohlbekannt. Und er wusste, worin ihre Qualität lag.

Ikonen gehören zu den Wesenselementen des orthodoxen Christentums. Dass in der Zeit der großen und gewalttätigen Auseinandersetzungen um die Bilderverehrung nicht die Bilderstürmer, sondern die Ikonenbefürworter die Oberhand behielten, wird heute noch gefeiert. Dieser Triumph war nicht zuletzt dadurch ermöglicht worden, dass eine vernünftige Theologie Übertreibungen und Missverständnisse abwehrte, indem sie nicht die Bilder selbst, sondern das, worauf sie verweisen, zur Verehrung empfahl. „Die Ehre, die dem Bild erwiesen wird, geht auf das Urbild zurück“, mahnte schon der heilige Basilius der Große im vierten Jahrhundert.

In der schauenden Kommunikation mit der Ikone deutet sich so etwas wie die mystische Gottesschau an, die Begegnung der Seele mit Gott. Das aber ist ein Geschehen, das nicht der Verfügung des Beters unterliegt. Der russische Theologe Sergej Trubezkoj empfahl daher, vor der Ikone zu verweilen und zu warten, bis sie den Betenden oder die Betende „anspräche", also eine Kommunikation in Gang setze. Die Malweise vieler Ikonen ist auch so, dass man dem Blick der dargestellten Figur begegnet, sozusagen ihrem Schauen ausgesetzt ist. Manchmal scheint es, als folge der Blick der Betrachterin oder dem Betrachter, wo immer sie sich im Raum hinbewegen. Bei aufmerksamem und aufgeschlossenem Betrachten kann es also zu einer Umkehr kommen: Das Bild schaut, der schauende Mensch wird zum Beschauten und Angesprochenen.

Dieses Motiv der Umkehr findet sich auch in profanen Kunsttheorien wieder, zum Beispiel bei Rainer Maria Rilke, der in seinem berühmten Gedicht „Archaischer Torso Apolls" ein bekanntes Beispiel dafür liefert. Obwohl der Skulptur des für die Kunst zuständigen griechischen Gottes Haupt und Gliedmaßen fehlen, heißt es in dem Gedicht, „glüht der Torso noch wie ein Kandelaber, in dem sein Schauen, nur zurückgeschraubt, sich hält und glänzt". Dieser schauende Stein führt zu der bestürzenden Erkenntnis: „Da ist keine Stelle, die dich nicht sieht. Du musst dein Leben ändern." Nicht nur die Augen, das ganze Kunstwerk schaut an und stellt in Frage.

Ein ähnliches Motiv wird den ahnungslosen Touristen auf dem Flughafen von Iraklio vorgesetzt. In einem der dort projizierten Zitate von Nikos Kazantzakis heißt es:

„Die Schönheit ist erbarmungslos. Du schaust nicht sie an, sie schaut dich an. Und sie vergibt nicht."

Auf den Balkon des Kunsthistorikers Nikos Chatzinikolaou in Rethymnon schaut viel unbarmherzige Meeresschönheit. Wir sprechen von Rilke, über seine große Fähigkeit, in der Betrachtung von Bildern zu versinken und ein beschauter Schauender zu werden. Da erzählt mir der Professor von einer merkwürdigen Beobachtung, die er über viele Jahre an der Universität machen konnte. Griechen, sagt er, hätten wenig Bezug zur Bildbetrachtung. Und das sei ein Befund, der auch für Kunststudentinnen und -studenten gelte. Wie kann das sein, wo doch Bild und Ikone unverzichtbar zur Kultur des Landes gehören?

So überraschend die Aussage des Professors zunächst sein mag, sie wird nachvollziehbar, wenn man sich den religiösen Umgang mit Bildern vor Augen hält. Die großen Ikonen in Epanosifi, aber auch in jedem anderen Kloster und jeder anderen Kirche, sind teils an den Wänden, teils auch zentral im Kirchenraum angeordnet, nur leicht über Augenhöhe, sodass man ihnen ohne Schwierigkeit nahe kommen kann. Bischof, Priester und

Mönche tun dasselbe wie die anderen Gottesdienstbesucher: Sie begrüßen die Ikone, indem sie sie küssen, wie man Freundinnen und Freunde, vielleicht auch höhergestellte Respektspersonen begrüßt. Man freut sich über ihre Anwesenheit, man beginnt vielleicht einen Dialog mit ihnen, setzt sich zu ihnen ins Verhältnis und bedenkt in ihrer Gegenwart sein Leben. Aber es gibt keine Veranlassung, den Freunden dabei lange ins Gesicht zu sehen.

Als ich mich nach dem Erstbesuch im El-Greco-Museum von Fodele auf den Weg zurück mache, ist die Wolkendecke aufgerissen. Durch die Ränder der dunklen Wolken strahlt die Sonne. Ich verharre einen Augenblick lang. Das ist doch das Wolkenrandlicht, das lange Blitzzucken, das ich eben in Bildern El Grecos gesehen habe. Zu den diversen Vermutungen um seine Kindheit stelle ich getrost meine eigene: Er muss es geliebt haben, Wolken zu betrachten.
Zu seinem vierhundertsten Todestag lassen sich weder Fodele noch Iraklio lumpen. Die Hauptstadt zeigt eine Ausstellung, die die italienischen Jahre des Dominikos Theotokopoulos beleuchtet. Fodele begeht den Anlass – historische Zweifel hin oder her – mit einem großen Fest. Eine ganze Woche lang wird auf dem Dorfplatz abends Souflaki gebraten, dazu gibt es kretische Musik und wissenschaftliche Vorträge.

Metropolit Arsenios schätzt den großen Landsmann sehr. „Er war ein Lichtsucher“, sagt er. Er sei ein Reisender gewesen, der trotz seiner atemberaubenden Entwicklung im lateinischen Ausland auch zu seinen kretischen und byzantinischen Ursprüngen gestanden sei. In Spanien habe er Patientinnen und Patienten einer psychiatrischen Klinik als Motive verwendet und damit ihre Würde verteidigt. Vater Dorotheos ergänzt: „Er hatte seinen eigenen Blick auf die Dinge – anders als alle anderen.“ Und er beginnt vom *aktiston fos* zu erzählen, vom „ungeschaffenen Licht“, dessen Mönche bisweilen ansichtig werden. Es ist ein Licht, das keine Kunst und keine Schöpfung braucht.

Kapitel 5

KAMPF UND GEBET

Die Flinte über der Tür und das ungeschaffene Licht

„Wenn der Heilige Geist im Menschen seinen Tempel aufgebaut hat, dann kann er immer beten. Ob dann der Mensch wacht oder schläft, das Gebet weicht nicht mehr aus seiner Seele."
Isaak von Ninive, Kleine Philokalie

Friedlich liegt das Kloster. Die Bienen summen am Brunnen. Der Igoumenos oder Vater Abt trägt einen weißen Mantel mit ebensolchem Sonnenhut. Nein, das sei kein Papstweiß, lacht er, als ich ihn darauf anspreche. Aber er sei häufig draußen an der Arbeit, kümmere sich um die Gartenanlage, um die Blumen in den großen Töpfen, gieße auch gerne selbst, füttere regelmäßig seine sechzig Katzen, die das Abt-Haus umlagern, sei dabei aber sehr empfindlich für Hitze, sagt er mit seiner charakteristischen, hohen Stimme. Darum das weiße Outfit, das – zugegeben – auch sehr gut aussieht: der Hoffnung auf Kühle wegen. Der Abt gehört, wie Bischof Arsenios auch, zur mittleren Generation des Klosters. Er ist ein dynamischer, freundlicher Mann. Wir haben keine gemeinsame Sprache und können nur mit Übersetzungshilfe kommunizieren, aber im Umkreis seines Lächelns fühlt man sich auch ohne Worte wohl.

Harte Zeiten

Tatsächlich macht die Sonne jedes Fleckchen Schatten zum Asyl. Da empfiehlt sich ein Rundgang im Klostermuseum. Vater Irenaios, ein ganz junger Mönch, hat den Schlüssel.
Schöne alte Priestergewänder, Mitren, gottesdienstliche Geräte, Ikonen in den Vitrinen: Das sieht schön aus und ist keine Überraschung im Klostermuseum. Aber dann springt uns ein ungewöhnliches Ausstellungsstück ins Auge. Über einer Türe, die Breite des Türstocks beinah ausmessend, präsentiert sich – ein Gewehr. Eine Flinte. Eine Waffe. Ich bin einigermaßen perplex. Vater Paisios wird mich später aufklären: Das ist eine der Waffen, die von den Mönchen im Befreiungskampf gegen die osmanischen und später gegen die deutschen Besatzer verwendet wurden. Denn die kretischen Mönche waren nicht nur Beter, sondern – wenn es sein musste – auch bereit zum Kampf.
Tatsächlich ist Epanosifi kein Hort des Pazifismus. Die Mönche standen an der Seite des Volkes; wenn die Menschen litten und kämpften, litten und kämpften sie mit. Es ist bedauerlich, dass es über die Geschichte des Klosters kaum Aufzeichnungen gibt. Nur einzelne Ereignisse sind vage

in Erinnerung geblieben. Bei dem großen Aufstand von 1821, erzählt der Igoumenos, seien bis auf zwei alle Mönche des Klosters umgekommen. Epanosifi brauchte lange, um wieder auf die Beine zu kommen. 1866 habe es einen ähnlich hohen Blutzoll gegeben. Vater Makarios weiß, dass damals Mönche aus einer Zweitniederlassung in Kleinasien nach Epanosifi kamen, um das monastische Leben weiterzuführen.
Im Empfangsraum des Klosters finden wir – neben Fotos von Bischöfen und Äbten in würdevoller kirchlicher Kleidung – auch ein Bild mit zwei Mönchen in Kampfmontur, die Gewehrkolben lässig neben den Stiefeln. Eine Grundsatzdiskussion darüber, ob Priester zur Waffe greifen dürfen oder nicht, scheint es – anders als etwa im Zuge der lateinamerikanischen Guerillabewegungen und der Theologie der Befreiung – nicht gegeben zu haben. Bei keinem der Aufstände gegen die Türken kam das Kloster unbeschadet davon. „Die orthodoxen Klöster sind Teil der Gesellschaft und eng mit den Menschen verbunden", sagt Metropolit Arsenios. „Deshalb haben sie immer den Kampf um Freiheit unterstützt." Allerdings ist es ihm wichtig hinzuzufügen, dass es sich dabei immer um Verteidigung und Widerstand gehandelt habe, um den „Versuch, die Tradition und das Leben zu schützen".

Auch während der deutschen Okkupation 1941–1945 gab es Todesopfer unter den Vätern. Wieder hatten sich einige den Widerstandskämpfern angeschlossen. „Es waren harte Zeiten, für die Mönche wie für das Land", sagt Vater Paisios. Wir stehen vor den Mönchszellen, dieser langen Reihe von Wand an Wand gebauten kleinen Häusern oberhalb des Klosterhofes. Die deutschen Truppen hatten Teile des Klosters konfisziert. Im Verwaltungsgebäude war ein Lazarett eingerichtet. Aber die Besatzer wussten nicht, dass entlang der Zellen ein unterirdischer Gang verlief, in dem die Mönche Teile ihres Klosterschatzes und Waffen versteckt hielten. Auch Menschen konnten sich hier vor den Razzien der Wehrmacht in Sicherheit bringen. Viele konnten so gerettet werden, denn die Soldaten fanden bei ihren Nachforschungen nicht, was sie finden wollten. Man möchte sich nicht vorstellen, was geschehen wäre, wenn den Soldaten das Waffenlager in die Hände gefallen wäre. Doch das konnte verhindert werden – nicht zuletzt dadurch, dass das Anrücken der Deutschen durch geheime Informanten jeweils rechtzeitig angekündigt wurde.
Die gefallenen Helden von damals genießen heute großes Ansehen. „Die Kreter", sagt Vater Paisios, „konnten keine neuerliche Okkupation ertragen. Sie mussten sich auf jede erdenkliche Art auflehnen, um wieder in den Genuss der Freiheit zu kommen."

Als nach dem Abzug der Deutschen der Weltkrieg in einen Bürgerkrieg mündete, beherbergte das Kloster Epanosifi für einige Zeit Flüchtlingsfamilien aus der Stadt.
Epanosifi ist ein friedlicher Ort. Aber eine friedliche Geschichte sieht anders aus.

Der Kampf der Seelen gegen die Anfechtung

Die Urlaubstage im Kloster Epanosifi verlaufen nicht ganz so ruhig, wie sich der Metropolit das erhofft hat. Einmal Bischof, immer Bischof: Da gibt es kein Zurück in die zweite Reihe. Einladungen zur Liturgie in anderen Klöstern treffen ein, Besuche bei Offiziellen stehen auf der Tagesordnung, Verwandte, Freunde und Bekannte wollen ihn sehen, Besuch aus Paris ist angesagt. Und zu alldem beansprucht auch das Fernsehteam seine Zeit. Trotzdem: Keine Sekunde lässt Metropolit Arsenios das Gefühl aufkommen, die Arbeit mit der Kamera wäre ihm lästig. Er lässt sich auf die Fragen ein, bemüht sich trotz mancher Probleme, die ihm das Deutsche noch bereitet, um präzise und authentische Antworten.
Wir sind in der Klosterkirche verabredet. Bischof Arsenios erklärt uns die Konzeption des Raumes: „Die Kirche ist ein Symbol des Kosmos." Unten stehen die Gläubigen, oben, in der Kuppel, thront Christus, der Pantokrator, der Weltenherrscher. Dazwischen, etwas über Augenhöhe der Menschen, stehen die Ikonen der Heiligen. „Es ist ein Dialog, eine Bewegung", sagt der Bischof. Die Heiligen ziehen die Menschen sanft nach oben. Man stellt sich mit seinem unvollkommenen, beladenen Leben in ihre Nähe – und wird begrüßt von den Heiligen, die „es geschafft haben". Sie ermutigen die Beterinnen und Beter, auch selbst den Weg nach oben nicht aus dem Auge zu lassen und das Ziel nicht zu verlieren.

In der Klosterkirche sind gleich mehrere Georgsikonen zu finden. Auch die große, als wundertätig verehrte Ikone an der Nordwand der Kirche mit den Haarbüscheln der Mönche an der Rückseite stellt Agios Georgios dar. Er sitzt auf seinem Pferd, den Blick zum Betrachter gewendet, und stößt einem Drachen zu seinen Füßen den Speer in den Leib.
Das erinnert an den Erzengel Michael im Kampf gegen Satan. Von ihm dürfte diese Idee des kämpferisch Guten auch auf Georgios übertragen worden sein. Georgios, heißt es, sei Soldat der römischen Armee gewesen. Pferd, Rüstung, Schwert und Lanze passen daher gut zu ihm. Aber zum Heiligen wurde er nicht durch den Kampf, sondern durch sein Mar-

tyrium. Er war Christ geworden und hatte sich geweigert, seinem neuen Glauben abzuschwören. „So ist er für uns zum Vorbild und zum Bruder im Glauben geworden – wie Tausende Märtyrer der ersten Jahrhunderte“, sagt der Metropolit.

Aber was hat es mit dem Kampf auf sich, mit der Lanze im Bild, mit dem Schwert, das neben der Ikone hängt? Metropolit Arsenios interpretiert die dargestellte Szene naheliegenderweise als Kampf gegen den Dämon, den Satan, den Teufel, den Diabolos, der von der Wahrheit abbringen möchte. Die Ikone ist so gesehen eine Ermutigung für Mönche und alle Gläubigen. „Jeder Mönch soll lebenslang kämpfen: gegen sich selbst, gegen seinen schlechten Charakter, gegen böse Leidenschaften, gegen den ‚alten Menschen‘ in sich. Damit er ein neuer Mensch wird, ein Mensch des Reich Gottes.“

Das ganze Leben als Kampf.

„Aber“, wende ich ein, „sagt Jesus in der Bergpredigt nicht genau das Gegenteil, wenn es heißt: ‚Kämpft nicht gegen das Böse, sondern überwindet das Böse durch das Gute.‘?“ – Für den Bischof ist das ein Beispiel dafür, dass man zu einseitigen Interpretationen kommen kann, wenn man nur einzelne Sätze der Bibel herausnimmt. In der Bibel stehe beides: Man soll nicht nur sanftmütig sein wie die Taube, sondern auch klug wie die Schlange, nicht nur friedfertig, sondern auch zum Kampf bereit. „Auf jeden Fall soll man kämpfen, denn das Reich Gottes wird durch Kampf gewonnen.“ Aber ist es nicht Gott allein, der rettet? – „Nicht allein“, antwortet der Bischof. „Es ist ein Zusammenwirken: Durch unseren Kampf und die Gnade Gottes werden wir gerettet.“

Ankämpfen gegen den Zielverlust

Im Kampf wird das Reich Gottes gewonnen. Man darf sich das Mönchsleben also nicht zu idyllisch denken, nicht zu andachtsstill und gottgeborgen. Das spirituelle Leben ist kein Ruhekissen, sondern eine Marschanleitung. Was sich in den Mönchszellen abspielen mag – so wenig man davon verstehen und nachvollziehen kann, wenn man diesen Weg selbst nicht geht –, dürfte bisweilen mit der Kampfmetapher gut beschrieben sein. Das Kloster lässt diesem Kampf viel Raum. Seine idiorrhythmische Struktur bietet einerseits Stütze durch die Gemeinschaft, lässt aber andererseits viel Zeit für einsame Stunden, in denen die Wege des spirituellen Lebens nicht nur beschworen, sondern auch beschritten werden sollen. Es handelt sich um durchaus nicht ungefährliches Gebiet. Darum ist es

dringend empfohlen, sich beim Betreten einem ortskundigen geistlichen Begleiter anzuvertrauen. „In Epanosifi“, erklärt Bischof Arsenios, „lebt man wie in einem Dorf: nicht nur gemeinsam, sondern auch getrennt voneinander. Damit man sich dem spirituellen Kampf intensiver widmen kann.“
Das Ziel hat einen Namen: Jesus Christus. „Sünde“ definiert der Bischof mit einem Wort: „Zielverlust“. Das Ziel nicht aus den Augen zu verlieren, sondern ihm täglich näher zu kommen, dazu dient der spirituelle Kampf. Und der hat seine Tücken. Vater Dorotheos zitiert einen der Kirchenväter: „Sechs Dämonen hast du um dich. Einen unter, einen über dir, einen vor, einen hinter dir, einen links und einen rechts.“ Metropolit Arsenios warnt vor dem kleinen Sieg. Wenn man sich bewährt hat und hocherhobenen Hauptes aus einer Schlacht gegen die Versuchung kommt, folgt unweigerlich der sogenannte „Kampf von links“. Das ist der Kampf gegen einen unsichtbaren Feind. Zum Beispiel gegen den eigenen Hochmut, der sich hinter der Freude über den kleinen Triumph verbergen kann.

Wir kommen auf die Anfechtung zu sprechen, die einem Nicht-Ordensmann als eine der ersten einfällt. Wie lässt sich das Versprechen des Ehe- und Sexualverzichts ein Leben lang halten? Er selbst habe viel nachgedacht, ob für ihn eine Familie nicht doch die bessere Lebensform wäre, sagt der Bischof. Er war und ist bis heute davon überzeugt, dass er ein liebevoller Ehemann und ein guter Vater geworden wäre. Dass er es geschafft hätte, für seine Kinder da zu sein, ihnen Zeit und Raum für ihre Entwicklung zu schenken. Aber dann überwog der Entschluss, seine Liebe nicht nur auf eine Familie zu konzentrieren, sondern sie auf die große Familie, die Kirche hin zu erweitern.
Das Gebot der Ehelosigkeit falle manchen Mönchen schwerer, anderen leichter. Das habe auch mit Vererbung und Veranlagung zu tun, erklärt er. Die Tatsache der Versuchung und Verführbarkeit wird unter den Mönchen nicht kleingeredet. Auch die Kirchenväter lassen in ihren Schriften erkennen, dass sie in diesem Punkt die menschliche Natur nur allzu gut kennen. Den Gelüsten des Fleisches setze erst der Grabstein ein Ende, heißt es. Der Metropolit erzählt von einem sehr alten Mönch, dem man unter anderem dazu gratulierte, „die Natur besiegt“ zu haben. „Das kommt zu früh“, antwortete er. „Ich lebe noch.“
Kampf und Sieg gegen die Natur? Es gehe darum, die Natur so zu verwandeln, dass sie dem Erreichen des Zieles dient und nicht hinderlich ist, erklärt der Bischof. Der Kampf ist ein Bemühen um eine große Transfor-

mation der Begierde in eine Liebe, von der alle beschenkt sind. Das habe mit einer „Körperfeindlichkeit“ nichts zu tun. Vielmehr sei der Körper der Verbündete im Kampf gegen Leidenschaften, die das Ziel in Frage stellen.

Abenteuer Gebet

Wäre ich länger im Kloster geblieben, Vater Dorotheos wäre vermutlich mein geistlicher Begleiter geworden. Schritt für Schritt hat sich zwischen uns eine herzliche Lehrer-Schüler-Beziehung entwickelt. Ich sei *papikós allá kalós*, sagt er einmal über mich, als er mich anderen Mönchen vorstellt. Das heißt frei übersetzt: ein Papstanhänger, aber ganz in Ordnung. Vater Dorotheos ist ein glänzender Rhetoriker. Einmal, beim Spaziergang im Klosterhof, erzählt er mir die Geschichte eines jungen Griechen, der sich als Freiwilliger für den Koreakrieg gemeldet hat. Als seine Kameraden herausfinden, dass sie einen Hellenen unter sich haben, nötigen sie ihn, ein Stück aus der „Odyssee“ zu zitieren. Der junge Hellene lässt sich lange bitten, stellt sich aber dann doch hin und beginnt seinen Vortrag. Auch Vater Dorotheos ist jetzt stehen geblieben und schlüpft in die Rolle des Soldaten. Einmal ist seine Stimme groß und gewaltig, dann wieder flüstert sie fast. Seine Hände weisen hinauf in den Himmel, hinaus an den Horizont, hinab zu Erde und Hölle. Er verzögert das Tempo und beschleunigt es. Er variiert die Tonhöhe. Wie die Soldaten im fernen Korea sehe ich vor meinen Augen die Wasser schwellen, die Berge beben und die Schiffe über die Meere ziehen. Mein Applaus ist ihm sicher – so wie dem jungen Soldaten jener seiner amerikanischen Kameraden. Wobei ich im Unterschied zu ihnen sehr wohl erkannt habe, dass Vater Dorotheos lediglich von eins bis zwanzig gezählt hat.
Er selbst hätte die Aufgabe übrigens ohne Trick bewältigen können. Ein Stück „Ilias“, ein Stück „Odyssee“, das geht ihm leicht von der Zunge.

Eines Abends sitzen wir wie so oft auf einer Bank vor der Kirche. Die Vögel in der großen Voliere neben dem Miliaras-Grab singen ihre späten Lieder. Vater Ephrem hat Kaffee gemacht und ist immer gern dabei, wenn es um theologische Themen geht. Er selbst ist Mönch, aber kein Priester. Als er neunzehn war, sei seine Mutter gestorben, erzählt er. Er hatte keine Geschwister oder Verwandten. Mit zwanzig entschloss er sich, ins Kloster zu gehen. Bereut habe er es nie, hält er fest. Vater Ephrem ist der Koch des Klosters und hat auch liturgische Verpflichtungen wie das Läuten der Glocken oder Schlagen des Klangholzes, des Talantons. Er ist es, der den Polyeleos, den großen, mit Aposteldarstellungen umrandeten Lüster und die anderen Kronleuchter in der Kirche zu feierlichen Anlässen in sanftes Kreisen versetzt. Vater Ephrem hat fünf Jahre lang auf dem heiligen Berg Athos gelebt. „Es ist sehr schön hier in Epanosifi", sagt er mir. „Aber um die Idee des Mönchtums wirklich zu verstehen, musst du auf den Athos gehen." Warum er dann nicht dort geblieben sei, möchte ich wissen. Er habe Gott gehorcht, antwortet er. Man habe ihn in Epanosifi gebraucht, also sei er hierhergekommen. Bis heute ist Vater Ephrem sowohl in der Küche als auch in der Kirche unverzichtbar.

„Was ist deine Frage heute?" Vater Dorotheos ist vortragsbereit. Ich möchte mehr über das Herzensgebet wissen, für das die Ostkirche im Westen so berühmt ist. „Alle Mönche beten es", sagt Dorotheos. Metropolit Arsenios hat mir schon erklärt, dass es darum geht, den Verstand, das Denken vom Kopf ins Herz zu verlagern. Dabei hilft eine Art zu sitzen, die den Kopf der Brust näher bringt. Unablässig sollen fünf Worte gebetet werden. Vater Dorotheos bläut sie mir nach alter, aber effektiver Schulmeistermethode ein, indem er mit der Hand auf dem Tisch den Rhythmus schlägt: *Kyrie Iesou Christe, eleison me*. Herr Jesus Christus, erbarme dich meiner.
Wenn man sich über lange Zeit in dieses Gebet vertieft, ist es möglich, des *aktiston fos*, des ungeschaffenen Lichtes ansichtig zu werden – jenes Lichtes also, das nicht aus der Natur kommt, sondern direkt von Gott. Aber das ist nicht einfach zu haben. Zunächst müsse man das Gebet mehrere Monate lang praktizieren, erklärt Vater Dorotheos. Dafür sei es hilfreich, sich in einem dunklen Raum so gut es geht abzuschirmen. Eine Mönchszelle eignet sich dafür natürlich hervorragend. Vater Dorotheos empfiehlt die Verwendung eines rosenkranzartigen Hilfsmittels, einer „Komboskini" genannten Schnur mit vielen Knoten. In dieser Zeit sollte es möglich sein, das Gebet so zu erlernen, dass man es tatsächlich ständig aufrechterhalten kann. „Ist das möglich?", fragt Vater Dorotheos rhetorisch und gibt gleich selbst die Antwort: „Natürlich nicht." Natürlich habe man manchmal anderes zu tun oder zu reden. Aber man könne dieses Gebet so lange üben, bis es in allen Lebensvollzügen die ständige – oft unbewusste – Basis wird. „Betet ohne Unterlass", heißt es im Neuen Testament. Mit beiden Händen zeigt Vater Dorotheos die Arbeit des Herzens als Pumpe. Der Herzschlag müsse den Rhythmus des Gebetes vorgeben: *Kyrie Iesou Christe, eleison me.*

Doch wenn das erreicht ist, hat der Kampf erst begonnen. Christus will keinen Triumph, er will zur Bescheidenheit erziehen. Darum ist der erste Erfolg des Gebetes ernüchternd und beängstigend zugleich: Man sieht Dämonen, einen oder auch mehrere. Wem dies widerfährt, dem ist klar, dass er wachsam bleiben muss wie ein Soldat. Starken Naturen erscheinen große und kräftige, schwachen Charakteren hingegen kleine und filigrane Dämonen. Auf der zweiten Stufe der Entwicklung leuchten manchmal viele kleine Lichter auf. Die sind schön anzusehen, aber Vorsicht: Auch sie stammen vom Dämon. Weiterschreitend, erlebt der betende Mönch eine schwere Erschütterung. Er blickt in den Abgrund, in den brodelnden Schlund des Chaos. Auch das ist ein Akt des Dämons; er erschüttert den Betenden zutiefst. Der Christ erlebt jetzt ein tiefes Entsetzen. Er macht schwere Zeiten durch, weint viele Tränen und sucht – nun endlich aus tiefstem Herzen – seine Zuflucht bei Jesus Christus, bittet ihn um sein Erbarmen. Erst jetzt – das ist die fünfte Stufe des Geschehens – kommt der Tröster, der Paraklet ins Spiel. Das ist niemand anderer als der Heilige Geist der Trinität selbst. „Jetzt", sagt Vater Dorotheos, „ist das Feld offen und rein. Es sind keine Dämonen mehr im Spiel."

Immer wieder berät sich Vater Dorotheos kurz mit Vater Ephrem, was an manchen Punkten auch zu kurzen Diskussionen zwischen den beiden führt. Im sechsten Schritt – immer laut Schilderung von Pater Dorotheos – treten Heilige heran: die Muttergottes, Johannes der Evangelist, der heilige Basilius. Sie sagen zum Beter: „Unser Bruder, unser Kind." Nach diesem Abenteuer hat der Christ das „Geschenk der Gegenwart" erreicht. Der Heilige Geist ist mit ihm, Wunder geschehen. Das Tor zum Paradies ist offen. Vielleicht leuchtet ungeschaffenes Licht, das *aktiston fos*, das Taborlicht.

Als Ziel definiert Vater Dorotheos mit dem Apostel Petrus: die Seele zu retten. Wer an diesen Punkt gelangt, der erhalte Anteil an der Wahrheit, sagt er und warnt gleichzeitig vor zu großem Optimismus. Die ganze Wahrheit ist nämlich nicht zu haben. Wir haben lediglich Anteil an ihr, wir kommunizieren mit der Wahrheit. Aber für das *Pleroma*, die Fülle der Wahrheit, sind wir nicht groß genug. Mein Lehrer Dorotheos zitiert den heiligen Kyrill von Jerusalem, der die Wahrheit mit dem Wasser verglich: Auch wenn man sehr viel Wasser trinken könne; irgendwann sei es genug, der Durst sei gelöscht, der Mensch könne kein Wasser mehr aufnehmen. So sei es auch mit der Wahrheit: Sie übersteige das Fassungsvermögen des Menschen bei weitem. Wer könnte ihn austrinken, den Brunnen der Wahrheit?

Wenn man ins Kloster eintritt, ändert sich die Wahrnehmung von Zeit, erzählt Metropolit Arsenios. *Isychia*, die betende Stille des Mönchslebens, wird spürbar und motiviert gleichzeitig als Ziel, das man erreichen möchte. Das *aktiston fos*, das Taborlicht sei ein Attribut Gottes und daher – anders als Gott selbst – sehr wohl unter Umständen wahrnehmbar. Aber Kardamakis warnt vor einem Missverständnis. Es sei völlig falsch, mit einer Absicht zu beten – und sei es auch mit der frommen Absicht, das heilige Licht zu sehen. Zudem könne es ein Menschenleben lang dauern, bis sich – trotz intensivsten Betens – dieses Licht dem Beter zeige. Manchmal bleibt es gänzlich aus. Und wenn man es sieht? Kardamakis erinnert an den Kampf von links. Es wäre gefährlich zu denken, jetzt habe man etwas erreicht und errungen, jetzt sei man am Ziel. Die einzig richtige Reaktion auf das Phänomen sei es, weiterzubeten. Er erzählt von Betern, die das *aktiston fos* sogar als Störung empfinden. „Man betet nicht, um etwas zu erreichen", sagt er. „Man betet, weil man Gott nahe sein will." Ein Leben lang.

Die Waffen nieder

Kampfesmut hat leider auch seine Schattenseiten. Manchmal bleiben die Waffen zurück, wenn die Schlacht vorüber ist. Im Lauf der Geschichte haben es die Kreterinnen und Kreter auch miteinander nicht immer leicht gehabt. Von Fällen der Blutrache bis in jüngste Zeit wird berichtet. Waffen sind Ehrensache und Familientradition. Als Kreta unabhängig geworden war und man die Zivilpersonen entwaffnen wollte, scheiterte das am Widerstand der Menschen. Man musste doch gewappnet sein für den Fall, dass ein neuer Aufstand nötig würde. Im Widerstand gegen die Nazi-Truppen wurde die große Bedeutung der Waffen erneut bestätigt. „Keine Familie ohne Waffen", sagt mir eine Frau aus Nordgriechenland, die in Kreta verheiratet ist. Sie erzählt von einem alten Mann, dem die Demenz schwer zusetzte. Als er seine Kinder und Verwandten längst nicht mehr erkannte, blieb er sich zweier Dinge dennoch immer bewusst: wo er seine Zigaretten hatte und wo seine Pistole lag.

Die Insel gilt als griechische Hochburg des illegalen Waffenbesitzes. Man schätzt, dass etwa die Hälfte der eineinhalb Millionen illegaler griechischer Waffen auf Kreta zu suchen sind. Wenn das wahr ist, käme damit bei etwa 623.000 Einwohnern mehr als eine Waffe auf eine Person – mit allen Gefahren, die das mit sich bringt. Zwar ist die Polizei angehalten, Schusswaffen zu beschlagnahmen, und eine „Anti-Waffen-Bewegung" setzt sich für ein Umdenken ein. Aber das Gefährdungspotential bleibt vorerst bestehen.

Eines Abends entdecke ich mit Staunen, dass ein Mönch im Gespräch antisemitische Vorurteile erkennen lässt. In mehreren Anläufen versuche ich, ihn davon abzubringen, ihn sozusagen zu einer spirituellen Entwaffnung zu bewegen. Es gelingt mir nicht. Zu tief sitzen die diffusen Ressentiments und Ängste. Was immer ihm missfällt und ihn beunruhigt, erscheint ihm „jüdisch". Grundsätzlich ist er ein wacher Geist, er lässt den Dialog zu und hört auf meine Argumente. Aber sie überzeugen ihn nicht. Ich bin einigermaßen irritiert, blicke über das Tal, das den Geist weitet, und verstehe nicht, wie sich ein spirituell erfahrener Mönch in die Enge einer Geisteshaltung begeben kann, die seiner Intelligenz und seiner Menschlichkeit spottet.

Zu meiner Beruhigung ist er der einzige Mönch des Klosters, bei dem ich diesen antijüdischen Reflex wahrnehme. „Das Problem ist bekannt", sagt Vater Makarios.

Die Mönche der Klostergemeinschaft wissen, dass sie von ihrem Mitbruder – er gehört zur älteren Generation – in diesem Punkt keine große Änderung mehr erwarten können. Aber, so Metropolit Arsenios, sie beten für ihn, „dass er die Gnade der Barmherzigkeit für die jüdischen Mitmenschen erfährt". Sie unterscheiden zwischen dem Mitbruder als Person und seiner offensichtlichen Schwäche. Gleichzeitig ziehen sie ihm klare Grenzen und sorgen dafür, dass seine Thesen weder innerhalb noch außerhalb des Klosters Schaden anrichten können. Die mönchische Lebensweise ist dafür ein Segen. „Im Kloster befindet er sich in einer liebenden Gemeinschaft, die ihm hilft, besser zu werden", sagt Vater Makarios.

Die Sache ist und bleibt für mich ein Wermutstropfen. So ist das eben. Es gibt kein Paradies auf Erden; wo Menschen zusammenleben, treten auch ihre Schwächen zutage. Aber ich bin beruhigt zu sehen, dass sich die Mönchsgemeinschaft ihrer diesbezüglichen Verantwortung bewusst ist und auf liebevolle Weise versucht, mit dem Problem zurande zu kommen. Das ermöglicht es auch mir, den Kontakt zu dem Mönch nicht abzubrechen. Solange es nicht um Juden und ihren angeblichen Einfluss auf die Weltpolitik geht, ist er ein interessanter und warmherziger Gesprächspartner.

Metropolit Arsenios verweist darauf, dass es sich im Fall des Mitbruders um einen „Antisemitismus ohne Juden" handelt. „Würde er tatsächlich einen Juden kennenlernen, er wäre der Erste, der sich um ein intensives Gespräch mit ihm bemühen würde. Er würde dann auch erkennen, wie

Unrecht er damit hat, Menschen und Völker zu stigmatisieren und in Klischees und Vorurteilen zu generalisieren", meint der Bischof.
Er nimmt im Hinblick auf Judentum und Antisemitismus – so wie auch die anderen Mönche im Kloster – eine klare Haltung ein: „Wo Hass und Ablehnung herrschen, kann Gott nicht sein." Jeder Antisemitismus verbiete sich für Christen. Kardamakis sagt das nicht nur mir, er schreibt und predigt es auch.
Wer weiß, vielleicht gelingt es den Mönchen mit Liebe, Geduld und Entschlossenheit doch noch, den ängstlichen Mitbruder zu einer Relativierung seiner Standpunkte zu bewegen, zum Niederlegen seiner gedanklichen Waffen, die er auf einen konstruierten Feind meint richten zu müssen. Nicht zuletzt für den Betroffenen selbst wäre es eine Erleichterung.

KAPITEL 6

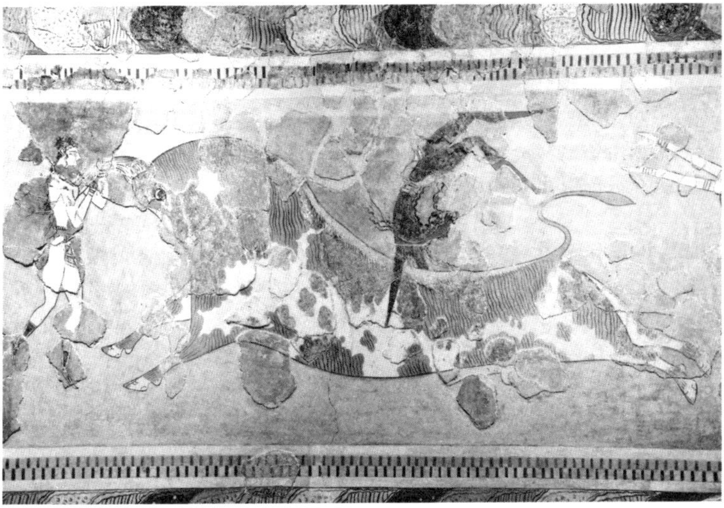

KEINE FURCHT, KEINE HOFFNUNG

Sirtaki in Stavros und der kretische Blick

„Sorbas lehrte mich, das Leben zu lieben
und den Tod nicht zu fürchten."
Nikos Kazantzakis, Rechenschaft vor El Greco

„Kreta ist ein ökumenisches Land, offen für alle", sagt Vater Makarios und nippt an seinem griechischen Kaffee. „Solltest du eines Tages beschließen, hierher zu ziehen: Du wirst sehen, dass man dich ohne Vorbehalte aufnimmt." Einen Menschen, der tatsächlich eines Tages beschlossen hat, nach Kreta zu ziehen, habe ich kennengelernt.

Die Sonne ist schon am Sinken, als ich an einem Juni-Abend mit Straßenschuhen durch Ufersand stapfe. Zum Glück wusste Petros, der Inhaber der Taverne „Mama's Place", wo ich Walter (man spricht den Namen englisch aus) finden könnte, wenn er in seinem Haus nicht anzutreffen wäre. Die Strand-Kantina ist gut besucht. Im Näherkommen lasse ich den Blick über die Gäste schweifen. Obwohl mir Walter den Rücken zukehrt, erkenne ich ihn sofort an seiner auch im Sitzen hohen Gestalt und den bübischen Locken. Ohne Umschweife gehe ich auf ihn zu: „Mr. Walter, I presume?" Und setze auf Deutsch fort: „Angenommen, Sie würden mit mir fünf Minuten reden wollen, würden Sie das lieber auf Deutsch oder auf Englisch tun?" Seine Antwort kommt auf Deutsch: „Wir können reden, solange Sie wollen."
Es wird ein langer Abend. Walter Lassally ist 87 und blickt auf ein bewegtes Leben zurück. Er erzählt von seiner Kindheit in Berlin, von der Flucht der Familie nach England („Für Hitler waren wir jüdisch genug"), von seinem felsenfesten Entschluss mit fünfzehn, Kameramann zu werden. („Ich wusste lange nicht, dass manche Menschen nicht schon mit fünfzehn wissen, was sie werden wollen.") Bald hatte er sich einen Namen gemacht. Der griechische Regisseur Michael Cacoyannis lud ihn, ohne je eine seiner Arbeiten gesehen zu haben, auf eine Empfehlung hin nach Athen ein – und war im ersten Moment schwer schockiert. Der Regisseur war Teil eines feierlich gekleideten Empfangskomitees direkt auf dem Rollfeld des Athener Flughafens – das war damals noch möglich –, als dem Flugzeug ein Jüngling entstieg, der aussah, als wäre er sechzehn. In Wirklichkeit war Lassally damals 28 und ein aufstrebendes Talent. Die Zusammenarbeit zwischen ihm und Cacoyannis dauerte sieben Spielfilme lang. Unter anderem entstand auch der Streifen, den Walter heute für seinen – und auch Cacoyannis' – besten hält: „Elektra". Und natür-

lich der Film, der ihm den Oscar für die beste Kamera eingebracht hat – und dessentwegen ich ihn aufgesucht habe: „Alexis Sorbas".
Wenige Wochen später bin ich mit meinem Kamerateam wieder unterwegs zu Walter Lassally. Gianis und seinem Assistenten Vangelis geht es, wie es mir ergangen ist: Schon lange bevor wir nach Stavros kommen, macht sich das Gefühl breit, man wäre schon einmal hier gewesen. Weithin sichtbar ist der Berg, der in einer eindrucksvollen 45-Grad-Schräge zum Ufer hin abfällt – mit einer symmetrischen Neigung auf der gegenüberliegenden Seite. Kommt man dann in Stavros an, meint man endgültig, lang Bekanntes zu Gesicht zu bekommen. Der massive Auftritt von Tavernen in Ufernähe bringt die Ursprünglichkeit der Landschaft nicht zum Verschwinden. Der Berg hat majestätische Kraft. Aber was hier wirkt, ist vor allem die Macht moderner Ikonografie. Man muss die kalifornische Bodega Bay nicht gesehen haben, um sie als Schauplatz der Hitchcock'schen „Vögel" zu erkennen. Wer „Spiel mir das Lied vom Tod" gesehen hat, trägt Bilder des Monument Valley in der Erinnerung. Und auch dieser karge, wie auf dem Reißbrett entworfene Berg ist im kollektiven Filmgedächtnis gut verankert: Vor dieser Kulisse tanzten Alan Bates und Anthony Quinn den Sirtaki, nachdem die von Alexis Sorbas konstruierte Seilbahn, „wunderschön", wie er sagt, in sich zusammengestürzt war. 1964 kam der Film ins Kino. Ein Welterfolg.

„50 Jahre, na ja." Walter Lassally hat uns zu der Stelle geführt, an der er den Tanz der beiden ungleichen Männer gedreht hat. „Cacoyannis, Bates, Quinn: sind alle schon tot. Nur ich lebe noch." Er lächelt bitter. Sehr weit oben auf dem Hang ist eine Höhle zu sehen. Bis dort oben hin reichte die extra für den Film errichtete Seilbahn mit Baumstämmen als Stützen.
Eine, vielleicht eineinhalb Stunden habe es gedauert, die weltberühmte Tanzszene zu drehen. Der Sirtaki wurde extra für den Film kreiert. Aber Walter Lassally findet, er unterscheide sich kaum von dem in ganz Griechenland bekannten „Metzgertanz", dem *Chasapiko*. Auf der Speisekarte der Taverne „Mama's Place" ist hingegen zu lesen, es seien drei Tänze gewesen, aus denen ein Choreograf und Tänzer – er war als Fahrer Anthony Quinns engagiert – den Sirtaki geschaffen habe. Petros, der Tavernen-Wirt, zeigt sich davon überzeugt, dass nicht nur der *Chasapiko* Pate gestanden ist. Wie auch immer: Die Musik von Mikis Theodorakis und der Tanz sind zu echten Wahrzeichen Griechenlands geworden. Noch in einem anderen Punkt gehen die Erinnerungen der beiden Männer übrigens auseinander. Während Walter schwört, es habe damals in der

Nähe des Strandes kein einziges Haus gegeben, beteuert Petros, seine Taverne sei damals eine kleine Kantina gewesen und von seinen Eltern betrieben worden. Er sei als junger Bursche dabei gewesen, wenn die Filmleute in der Kantina gespeist hätten. Er könne sich auch noch gut an Anthony Quinn erinnern, einen Mann, der gern gelacht habe. Und natürlich sei der Sirtaki nirgendwo anders als auf dem Boden der heutigen Taverne entstanden. Wer weiß es besser? Fünfzig Jahre sind eine lange Zeit.

Warum wurde der Film ein so großer Erfolg? Walter Lassally stöhnt: „Da fragen Sie den Falschen." Man habe ihn auch zu den Dreharbeiten für „Tom Jones" erst überreden müssen. Er hätte – wie übrigens auch Regisseur Tony Richardson – niemals mit einem Riesenerfolg des ein Jahr vor „Sorbas" gedrehten Streifens gerechnet. Zum Glück, sagt er, habe er sich in einem Punkt gegen Anthony Quinn durchgesetzt: Der hätte den Regisseur gerne überredet, „Alexis Sorbas" in Farbe zu drehen. Aber Walter Lassally ist ein großer Liebhaber des Schwarz-Weiß. Wirkliches Kino gibt es für ihn – mit wenigen Ausnahmen – nicht in Farbe. Der Farbfilm enge die Gestaltungsmöglichkeiten stark ein, sagt er. Eine Wiese müsse immer grün, der Himmel immer blau sein. Im Schwarz-Weiß-Film hingegen habe der Kameramann alle Gestaltungsmöglichkeiten der Beleuchtung in der Hand.

Dann fällt ihm noch eine Filmanekdote ein. „Sorbas" sei praktisch fertig gewesen, alle Handlungselemente waren abgedreht, nur noch eine Szene fehlte: der Einsturz der Seilbahn. Die Sache – sie sieht im Film sehr dramatisch aus – wurde gedreht, dann packten alle zusammen und bereiteten sich auf die Abreise vor. Als aber die Muster aus dem Labor kamen, zeigte sich das Malheur: Der Einsturz war völlig unspektakulär aufgenommen; er verlief viel zu schnell und war von einem Bild aufs andere erledigt. Die Szene musste noch einmal gedreht und die Seilbahn noch einmal gebaut werden. Zwei oder drei Wochen habe das gedauert, sagt der Kameramann.

Etwa 70 Spielfilme hat Walter Lassally gedreht, in Großbritannien, in den USA und in Griechenland. Daneben hat er immer auch für Dokumentationen gearbeitet. Sie waren seine zweite Leidenschaft. Auf Kreta wohnt er seit Ende der Neunzigerjahre. Irgendwann, erzählt er, habe er bemerkt, dass ein Großteil seiner Freunde in Griechenland lebe. Da zog es ihn von London nach Stavros. Hier fehle es ihm an nichts, sagt er. Lassally hat ein schönes Haus. Einmal pro Woche fährt er in das nahe Chania, um etwas Geld abzuheben. Der Flughafen von Chania liegt wie Stavros auf der Halbinsel Akrotiri, keine 15 Kilometer von Lassallys Haus entfernt. Diese Verbindung nach Athen und damit in die ganze

Welt ist ihm nach wie vor wichtig. Er mag 87 sein, aber das hindert ihn nicht daran, seinen nächsten Film zu planen.
Und der Oscar? Den hatte er in einer der Tavernen ausgestellt, gut gesichert in einer Vitrine. Leider brach ein Feuer aus; das Restaurant brannte nieder. Als der Bagger kam, um den Schutt wegzuräumen, habe Lassally vergessen, den Leuten zu sagen, sie sollten auf die kleine goldene Statue achten. Vermutlich liegt die Trophäe also jetzt auf einer Müllhalde – wenn sie nicht längst in andere Hände geraten ist. Walter nimmt es mit Gelassenheit und Humor. „Die Statue ist weg, der Ruhm bleibt", sagt er. Dann macht er eine Bewegung, als würde er sich die Hände säubern. „Vorbei ist vorbei." Für ihn sei der Oscarverlust ein Impuls gewesen, mit dem „Sorbas" abzuschließen und keine Interviews mehr zu geben. Das habe er auch durchgehalten, bis ... na ja, für mich habe er gerne eine Ausnahme gemacht.
Der Abend naht, die Kantina ruft. Man isst sehr gut dort: französisch oder arabisch oder griechisch. Gianis genießt es, dem berühmten Kollegen Fragen zu stellen. Walter antwortet gern und ausführlich, hat aber immer auch die Sonne im Auge. Er weiß auf die Minute genau, wann sie untergehen wird. Immer wieder weist er uns auf das Schauspiel hin. „Look, how beautiful." Jetzt wird sie rot und das Wasser mit ihr. Jetzt berührt sie den Horizont. Jetzt ist sie nur mehr halb. Dafür steigt ein ganzer Mond.
Auf dem Rückweg nach Iraklio sagt Gianis mitten hinein in das Schweigen, das wir alle brauchen, um den Tag nachzuempfinden: „Er hat siebzig Spielfilme gemacht. Er hat einen Oscar gewonnen. Und jetzt sitzt er am Strand und freut sich auf jeden Sonnenuntergang." Wie viel braucht der Mensch zum Glücklichsein?

Das Geheimnis des schönen grünen Steins

Der Erfolg oder gar Welterfolg eines Spielfilmes lässt sich nicht planen. Aber in „Alexis Sorbas" steckt einiges, das ihn wenigstens nachvollziehbar macht. „Zorba the Greek", wie Buch und Film auf Englisch heißen, zeichnet das Bild eines urwüchsigen, unverblümten, dynamischen, humorvollen und schlitzohrigen Bonvivants, eines durch und durch dionysischen Menschen. Einerseits bedient er das doch etwas fragwürdige Klischee vom Urgriechen, andererseits ist er eine Projektionsfläche für Träume von einem anderen Leben. Für Kreterinnen und Kreter wiederum ist Sorbas ein Held mit vielen Eigenschaften, die man ihnen nachsagt

und die vielleicht auch sie an sich selbst oder an ihren kämpferischen Vorfahren finden.
Sorbas ist tapfer. Sein Körper ist von Narben übersät, aber nur an der Vorderseite. Er ist nie geflüchtet. Sein Lachen ist ansteckend, seine Visionen sind es auch. Was er sagt, tut er. Was er plant, nimmt er auch in Angriff. Er ist ein unverwüstlicher Optimist, ein Mann der Tat. Seine Lebensfreude kommt in der Musik zum Ausdruck. Er spielt die Zither, und er tanzt den Sirtaki. Aber er tanzt nicht nur, wenn alles wunderbar ist. Die berühmte Sirtaki-Szene am Strand ist ja eine Antwort auf einen gewaltigen Fehlschlag. Die Seilbahn ist zerstört, der Traum vom Reichtum durch die Kohlemine ist ausgeträumt. Jetzt lacht und tanzt Sorbas, und sein „Chef", der Schriftsteller, lässt sich mitreißen.
Dabei ist der Mann alles andere als ein Heiliger. Er ist schlau, manchmal hinterlistig, unberechenbar. Treu kann er nicht sein. Er macht jeder Frau den Hof und lässt sich schnell ins nächste Abenteuer ziehen. Aber er hat auch ein weiches Herz. Er kommt zurück, um der Witwe, der er den Kopf verdreht hat, im Sterben beizustehen. Als er sich in einer – wahrlich meisterhaft gefilmten – Tanzszene so verausgabt, dass er am Ende atemlos zusammenbricht, zeigt sich ein ganz anderer Sorbas: Da erfährt man, dass er auch nach dem Tod seines dreijährigen Sohnes getanzt habe. Nur der Tanz, sagt er, kann den Schmerz lindern.

Die Erzählung von der ungleichen Freundschaft zwischen einem zaudernden und zögernden Schriftsteller und dem von Anthony Quinn so überzeugend dargestellten Lebenskünstler, die auf Kreta ein Bergwerk revitalisieren wollen und scheitern, hat autobiografische Züge. Tatsächlich versuchte sich der Schriftsteller Nikos Kazantzakis mit seinem Freund Giorgis (nicht Alexis) Sorbas erfolglos im Bergwerksgeschäft. Tatsächlich hatte es Kazantzakis nicht leicht, sich mit der Tatsache abzufinden, dass er ein Mann des Schreibens und der Gedanken war und nicht der Tat. Er bewunderte in Sorbas all das, was er an sich zu vermissen glaubte. In seinem letzten Buch, der autobiografischen, wiewohl von Fiktionalisierung nicht freien Schrift „Rechenschaft vor El Greco", widmet er seinem Freund Sorbas ein Kapitel und beschreibt ihn wie mit vor Sehnsucht tränenden Augen. „Er besaß alles, was ein Schreiberling brauchte, um sich zu retten: den ursprünglichen Blick, der aus der großen Höhe wie ein Pfeil auf seine Nahrung zielt; die schöpferische, sich jeden Morgen erneuernde Naivität, immer alles zum ersten Mal zu sehen und den ewigen alltäglichen Elementen Jungfräulichkeit zu verleihen – dem Wind, dem Meer, dem Feuer, der Frau, dem Brot ..."

Sorbas heißt hier mit dem Vornamen Alexis und nicht, wie die historische Person, Giorgis. Wenn das kein Versehen ist, ist es vermutlich als Hinweis darauf zu verstehen, dass es auch im autobiografischen Rückblick eher um die Romanfigur geht als um den wirklichen Menschen dahinter. Der Autor macht sich Vorwürfe, dass er nicht mutig genug war, dem Ruf seines Freundes zu folgen. „Ich sah Sorbas um Mitternacht wiehernd tanzen und mir zurufen, mich auch von dem bequemen Gehäuse der Besonnenheit und der Gewohnheit zu lösen, herauszuspringen und mit ihm auf die großen Reisen ohne Rückkehr aufzubrechen, zitterte und rührte mich nicht von der Stelle."

Den Abgrund, der die beiden trennt, schildert vermutlich eine kleine Begebenheit am besten. Nach dem Bergbau-Abenteuer hatten sich die Wege getrennt, Sorbas war nach Serbien gezogen; der Kontakt zwischen den Freunden reduzierte sich auf sporadische Nachrichten und Briefe. Der Zweite Weltkrieg, schildert Kazantzakis, habe seine Schatten längst vorausgeworfen, als aus Serbien ein Telegramm eintraf: „Grünen, herrlichen Stein gefunden, komm sofort. Sorbas." Der „Schreiberling" erklärt natürlich ausführlich, warum er eine so weite Reise nicht wegen eines Steines unternehmen könne, und zieht sich damit einen schweren Verweis von Sorbas zu: „Du bist – verzeih mir, Chef – ein Tintenkleckser. Du Armer hättest einmal in deinem Leben einen schönen grünen Stein sehen können und hast ihn nicht gesehen."

Als der Autor in einem Brief von Sorbas' Ableben erfährt, lehnt er sich gegen den Tod auf. „Solche Seelen dürfen nicht sterben." Er möchte den Tod in Tanz verwandeln. „Mein Herz, lass uns ihm unser Blut geben, damit er lebendig wird; lass uns alles tun, damit dieser herrliche Esser, Trinker, Arbeiter, Frauenjäger und Landstreicher noch weiterlebe. Der Tänzer und Kämpfer. Die weiteste Seele, der sicherste Körper, der freieste Schrei, den ich in meinem Leben kennengelernt habe."

Ein reisender Schreibender

Dass sich Nikos Kazantzakis im Roman wie in der „Rechenschaft vor El Greco" zum mutlosen, ängstlichen Bücherwurm und Tintenfuchs stilisiert, heißt ganz und gar nicht, dass er ein ereignisloses Leben gelebt hätte. Ganz im Gegenteil. Kazantzakis war zeitlebens ein Reisender.

Er wurde 1883 in Iraklio geboren, zu einer Zeit also, als Kreta die osmanische Fremdherrschaft noch nicht abgeschüttelt hatte. Da ihn seine Familie vor den Unruhen auf Kreta schützen will, verbringt er einen Teil seiner Schulzeit auf Naxos, in einer von französischen Mönchen geführten Schule. Es ist seine erste Begegnung mit der französischen Sprache, aber auch mit dem Katholizismus. Nach der Schule studiert er Rechtswissenschaften in Athen und geht dann für ein Jahr nach Paris, wo er bei Henri Bergson Vorlesungen hört und sich intensiv mit Nietzsche beschäftigt, über den er seine Dissertation verfasst. Von Athen aus reist er mit seinem Freund Angelos Sikelianos für vierzig Tage auf den Berg Athos und lebt in verschiedenen Klöstern. Später unternimmt er mit ihm eine lange Reise durch Griechenland. 1918 reist er auf den Spuren Nietzsches durch die Schweiz. Als Direktor des Wohlfahrtsministeriums übernimmt er den Auftrag, 150.000 von Bolschewiken im Kaukasus verfolgte Landsleute nach Griechenland zu holen. 1922 erlebt er in Wien die massive Armut der Nachkriegszeit. Er studiert buddhistische Schriften und leidet unter einer entstellenden Gesichtsschwellung, die ein Psychoanalytiker als „Asketen-Krankheit" diagnostiziert. Von Wien aus geht er nach Berlin, 1924 reist er nach Italien, 1925 besucht er als Zeitungskorrespondent die Sowjetunion. In diesem Stil geht es rastlos weiter: Palästina, Zypern, Italien. In Rom führt er ein Interview mit Benito Mussolini. Auf der Halbinsel Sinai unternimmt er den Versuch, Mönch zu werden. Er misslingt. Zwischendurch wird die griechische Insel Aegina zu einem Rückzugsort, an dem er sich dem Schreiben widmet. Mit seinem Freund Panait Istrati unternimmt er weite Reisen in die Sowjetunion und trifft in Moskau Maxim Gorkij. 1932 reist er nach Spanien, 1935 nach Japan und China.

Nach dem Krieg wird Kazantzakis kurz Chef einer kleinen sozialistischen Partei. Als Mitglied einer vierköpfigen Kommission fährt er durch seine Heimatinsel Kreta und protokolliert die von deutschen Truppen begangenen Kriegsverbrechen.
1946 zieht Kazantzakis mit seiner zweiten Frau Eleni nach England und lässt sich anschließend in Antibes in Frankreich nieder. Auch von dort unternimmt er Reisen, nach Italien zum Beispiel, wo er sich mit Franz von Assisi auseinandersetzt. Seine wiederkehrende Hautkrankheit macht ihm zu schaffen, in den Niederlanden erleidet er eine schwere Augeninfektion, muss auch in Paris ins Krankenhaus und verliert schließlich die Sehkraft eines Auges. Aber sein prekärer Gesundheitszustand hält ihn nicht davon ab, weiter ein Fahrender zu bleiben. In Freiburg im Breisgau wird seine Krankheit diagnostiziert: Leukämie. Im Juni 1956 wird Kazantzakis in Wien ein Friedenspreis überreicht. Er lässt es sich auch nicht nehmen, eine Einladung der chinesischen Regierung anzu-

Kloster Epanosifi: Platz vor der Kirche mit Brunnen
Mönchszellen über dem Klosterhof

Epanosifi: Klosteranlage
Vater Igoumenos

Epanosifi: Klosterkirche

Von der Sonne bestrahlte Ikone im Kirchenraum

Vater Makarios
Vater Bartholomaios, Abt (Igoumenos) des Klosters Epanosifi

Metropolit Arsenios Kardamakis im Kloster Epanosifi
Vater Paisios

Metropolit Arsenios Kardamakis,
kretische Berglandschaft nahe Gergeri

Fodele: Byzantinische Kirche
El-Greco-Museum

Fodele: Hinterglas-Reproduktionen im El-Greco-Museum

Stavros: Platz, an dem der Sirtaki in „Alexis Sorbas“ gedreht wurde
Myrtia: Nikos Kazantzakis Museum

Kritsa: Filmkulisse für „Der Mann, der sterben musste"
Iraklio: Treppe aus dem Geburtshaus von Nikos Kazantzaki

Schafe an der Nida-Hochebene

Gergeri: Gedenkfeier für die am 14. August 1944 ermordeten Dorfbewohner

Toledo: „Fragmente", Straßenausstellung mit Motiven von El Greco
Blick auf die Altstadt

Toledo: Blick auf die Altstadt mit Alcázar und Fluss Tajo

Epanosifi: Abend im Kloster
Vater Dorotheos und Vater Ephrem

nehmen. Die für die Reise nötigen Impfungen sind jedoch fatal. Auf dem Rückflug schwillt sein geimpfter Arm an und entwickelt einen Wundbrand. Er wird wieder in Freiburg behandelt und scheint die Infektion schon überstanden zu haben, stirbt aber dann doch, durch die Leukämie geschwächt, am 26. Oktober 1957 an der asiatischen Grippe.

Kazantzakis' Werk ist enorm. Er schrieb Theaterstücke und Gedichte, Artikel und Reisebeschreibungen, dazu philosophische und politische Texte. Er verfasste eine Geschichte der russischen Literatur und verdiente sein Geld auch als Journalist und Übersetzer. Sein Hauptwerk, die wenig gelesene „Odyssee", besteht aus 33.333 siebzehnsilbigen Versen und wurde von ihm mehrere Male grundlegend überarbeitet und umgeschrieben. Nicht zufällig handelt auch dieses zentrale Werk von einem Reisenden: Odysseus erträgt nach der Rückkunft seine Heimat Ithaka nicht und begibt sich erneut aufs Schiff.
Seinen Weltruhm begründete Kazantzakis aber nicht durch Verse, sondern durch Romane. In Österreich wurde sein Name einer breiteren Öffentlichkeit bekannt, als die amerikanische Verfilmung seines Jesus-Romans „Die letzte Versuchung Christi" unter der Regie von Martin Scorsese die katholische Rechte mobilisierte, deren eifrigste Vertreter im Protest gegen den Film vor Kinos beteten. Die Fantasie, Christus könnte vom Kreuz gestiegen sein und ein durchschnittliches Leben geführt haben, die übrigens im Film am Ende als Blendwerk des Satans entlarvt wird, ging vielen frommen Christen zu weit. Das Buch ist einer der Gründe für die Konflikte zwischen Kazantzakis und der Kirche, und zwar nicht nur der griechisch-orthodoxen, sondern auch der römisch-katholischen. Der Vatikan setzte es auf den „Index" der verbotenen Bücher.

Ringen um Erlösung

Nikos Kazantzakis war auch ein Reisender zwischen Ideen und Ideologien, ein Odysseus des Denkens. Mit Nietzsche und anderen Philosophen seiner Zeit teilte er die Überzeugung, in einer Übergangszeit zu leben. Alte Werte und Vorstellungen hatten ihre Gültigkeit eingebüßt, das Neue war noch nicht da. Dabei blieb Kazantzakis ein Denker der großen Systeme und Entwürfe und damit seiner Zeit, in der Ideologien aufeinanderprallten, verhaftet. Das Leben beschreibt er als ein kurzes Intervall des Lichts zwischen Abgrund und Abgrund. Von Bergson übernimmt er den Gedanken des *élan vital*, einer vorwärtsdrängenden

Dynamik, die sich in der Evolution manifestiert und zwei Richtungen kennt: nach oben als das Kreative, Schaffende, Unsterbliche – und nach unten als das Streben nach Auflösung und Tod. Der *élan vital* bildet ein grundlegendes Motiv in Kazantzakis' Denken, das ihn in verschiedenen Lebensphasen zu unterschiedlichen Antworten führt. Das Christentum und der Nationalismus, der Nihilismus, der Kommunismus, den er zu einem „Meta-Kommunismus" umdenkt, der Buddhismus und sogar Elemente des Faschismus gewinnen phasenweise Einfluss auf sein Denken.
Eine überzeugende Darstellung dieses ungewöhnlichen philosophischen Weges („Politics of the Spirit") hat der amerikanische Professor für neugriechische Literatur Peter Bien vorgelegt. In seiner umfangreichen Untersuchung weist er nach, dass das sich ständig wandelnde Denken des Schriftstellers durchaus Konstanten aufweist. Kazantzakis selbst scheint im Rückblick über seinen raumgreifenden Gang durch geistige Welten zu staunen, wenn er notiert: „Bis 1923 bin ich voll Feuer und Emotion durch das nationalistische Lager gegangen. Von ungefähr 1923 bis 1933, mit demselben Feuer, war ich Teil der Linken. Jetzt gehe ich durch das dritte Stadium. (Wird es das letzte sein?) Ich nenne es Freiheit. Ich habe aufgehört, das Glück meiner Seele – meine Erlösung – mit dem Glück dieses oder jenes Konzepts zu identifizieren. Ich weiß, dass Konzepte weniger bedeuten als eine kreative Seele." Die großen Ideen und Konzepte, denen er nacheinander anhängt, sie sind für ihn wie Erlöser, die ihn am Ende nicht erlösen können. Vielmehr gelte es, sich auf die Dynamik, den Prozess des *élan vital* einzulassen.
In seinen Schriften wird ein tiefes Ringen fühlbar, eine ständige Suche nach einer Haltung, die angesichts einer in Trümmern liegenden Welt zu verantworten wäre. „Ich habe viele verschiedene Wege zur Erlösung versucht: den Weg der Liebe, der wissenschaftlichen Neugier, der philosophischen Untersuchung, der Sozialreform und zuletzt den schwierigen und einsamen Weg der Poesie. Aber jedes Mal sah ich, dass der Weg, den ich eingeschlagen hatte, in den Abgrund führte." Auf dem Berg Athos, dem Ort eines „neuen Ringens", steht ihm plötzlich wieder der Kampf des *élan vital*, dieser alles Sein umgreifenden Lebensdynamik vor Augen: wie sie aufsteigt von der Materie zum Leben, vom Leben zu höheren Formen des Lebens und zum Geist. Kazantzakis beschreibt dieses Geheimnis als „großes Licht". Indem er sich dem *élan vital* anvertraut, erkennt er die Transsubstantiation, die Umwandlung von Materie in Geist als seine große Aufgabe, als Schlüssel seines Schreibens. Er versteht diese Transsubstantiation nicht als sakramentalen Akt im Gottesdienst, sondern als Prozess, der immer im Gang ist. Diese große Arbeit der Umwandlung

bildet nicht nur den unausgesprochenen Hintergrund seines Werkes; er spricht sie auch direkt an, etwa wenn in einem Gespräch mit Sorbas der „Chef" sagt: „Alles, Menschen, Tiere, Bäume, Sterne, wir sind alle eins, wir sind alle eine Substanz, die in denselben schrecklichen Kampf involviert ist. Welchen Kampf? ... Materie in Geist zu verwandeln."
Erlösung ist ein anderes großes Wort, um das sein Denken kreist. In allem Ringen geht es ihm genau darum. „Mein Ziel beim Schreiben war nicht die Schönheit, sondern die Erlösung", bekennt Kazantzakis im schon zitierten Sorbas-Kapitel seiner „Rechtfertigung". „Ich war kein Wortkünstler, der sich freute, einen schönen Satz zu schmücken oder einen schönen Reim anzubringen; auch ich war ein Mensch, der litt und rang und nach Erlösung suchte, damit ich mich von der Finsternis in mir erlöse und sie in Licht verwandle."
Kazantzakis wird bisweilen Atheismus vorgeworfen. Aber ohne das Wort „Gott" kommt er nicht aus. „Das größte und fast einzige Thema in allen meinen Werken ist das Ringen des Menschen mit ‚Gott': der unbeugsame, unauslöschliche Kampf des nackten Wurmes, Mensch genannt, gegen die erschreckende Macht und Dunkelheit der Kräfte in ihm und um ihn." Gott ist für ihn nicht allwissend und allmächtig. Aber er ist präsent als ein kreativer Prozess, eine Dynamik, mit der man ringt und der man sich gleichwohl anvertraut. Es ist ein Gott, der Unterstützung braucht und gerettet werden muss und dann doch auch wieder einer, der einen Namen hat, zu dem man rufen kann. Wenn es wahr ist, dass der „Westen" eher für Rationalität und Logik steht, der „Osten" aber für Intuition und Instinkt, dann ist Kazantzakis einer, der beides zu verbinden sucht. Er ist ein kritischer Geist und gleichzeitig ein Mystiker. Für ihn ist es kein Zufall, dass die großen Religionen allesamt aus dem Osten kommen. „Wir können weder den Osten noch den Westen verleugnen", schreibt er. Eine vorgegebene Dogmatik anerkennt er nicht. Ein Denken, dessen Ergebnis von Anfang an feststeht, kann es für ihn nicht geben. Sein Geist strebt ins Offene, ins Freie.

Spurensuche auf Kreta

Nikos Kazantzakis war ein Reisender. Aber auf eine sehr besondere Weise blieb er Kreta verbunden. Man erzählt, er habe immer ein wenig kretische Erde auf seine Reisen mitgenommen. Immer wieder kehrte er auf die Insel zurück. Mehr noch: Sein Schreiben und Denken ist voller Rückbezüge auf Kreta und seine Menschen. Kazantzakis bleibt, wo er auch ist, Kreter durch und durch. Und zieht doch nie mehr zurück auf die Insel. Er kommt auf Besuch, aber er bleibt nicht. Recht uncharmant konstatiert er: „Kreta ist gut, doch nur, wenn man einen neuen Auftrieb bekommen will. Nach einigen Monaten hielt ich es nicht mehr aus. Die Straßen erschienen mir zu eng, das elterliche Haus zu klein, Basilikum und Sammetblumen im Hof verloren ihren Duft." Es zog ihn fort, er musste weg. Efi Kefalaki, Mitarbeiterin im Kazantzakis-Museum von Myrtia, sieht ihn als einen heimatverbundenen Reisenden, der seine Beziehung zu Kreta mit seiner Reisesehnsucht in Einklang bringen musste. „Er war mehr Weltenbürger als viele andere, und er war mehr Kreter als viele andere", resümiert sie.

Die Philosophie des Denkers Kazantzakis in allen Wegen und Irrwegen zu verfolgen, dazu braucht es Experten vom Rang eines Peter Bien. Trotzdem schwebt er nicht als unverstandener Philosoph über den Köpfen. Obwohl er als etwas altmodisch gilt, werden viele seiner Werke bis heute gelesen, auch von jungen Menschen. Mit seinen Romanfiguren, Sorbas und vielen anderen, hat Kazantzakis seinen Kretern eine Sprache gegeben, die ihnen hilft, ihre lange Tradition des Kampfes, der abgründigen Erfahrung von Gewalt und Tod, ihres Ringens mit Gott zum Ausdruck zu bringen und für das alles Deutungen zu finden.

Wer das Kazantzakis-Geburtshaus in Iraklio sehen will und die nach ihm benannte Straße aufsucht, findet einen Parkplatz. Die Stadt quillt über von Karossen; da ist man froh um jedes Fleckchen, das sich als Abstellplatz nutzen lässt. Auf den ersten Blick lädt hier nichts zum Verweilen ein; es ist ein Parkplatz wie viele andere. Dann aber zeigen sich doch sprechende Zeugen der Vergangenheit. Hinter dem Wächterhäuschen ist direkt an der Außenmauer des Nachbarhauses ein Stück Innentreppe stehen geblieben. Vielleicht ist der kleine Nikos hier auf und ab gegangen, nachdem er das Stiegensteigen erlernt hatte? Hoch über den Stufen wehen zerschlissene Vorhänge aus verlassenen Wohnungen des benachbarten Hauses, das den Abriss noch vor sich hat. Zeit wird wahrnehmbar, wenn man sich Zeit nimmt. Gegenüber der Einfahrt sind die Hinterseiten der Häuser im parallel verlaufenden Straßenzug sichtbar geworden. Besonders springt ein hoher runder Kamin ins Auge. Er dürfte zu einem türkischen Bad, einem Hamam, gehören und erinnert an die Zeit der osmanischen Herrschaft auf der Insel. Als Kazantzakis hier zur Welt kam, lebten Türken und Griechen Seite an Seite.

In „Kapetan Michalis" hat er seinem „Megalokastro", wie Iraklion damals hieß, ein Denkmal gesetzt. Deutsche und englische Übersetzungen führen bisweilen die Losung der Aufstände gegen die Fremdherrschaft

im Titel: „Freiheit oder Tod". Mit viel Herz, aber auch mit unbestechlichem Blick beobachtet Kazantzakis die schrulligen, liebenswerten, tapferen, bisweilen auch liederlichen und bösartigen Bewohner der Stadt. Seine Protagonisten sind keine Helden ohne Fehl und Tadel. Kapetan Michalis, in dem sich Züge von Kazantzakis' strengem Vater wiederfinden, ist ein finsterer Charakter. Die Kommunikation mit seiner Frau ist auf das Notwendigste beschränkt, zu seiner Tochter hat er keinerlei Kontakt. Nur seinen Sohn, der einmal Kämpfer sein wird, duldet er in seiner Nähe. Was ihn beschäftigt, ist ausschließlich die Unfreiheit Kretas, der Kampf um Befreiung. Tapferkeit und Todesverachtung machen ihn zu einer geachteten wie gefürchteten Persönlichkeit. Beim Löwenbrunnen in der Stadt hängt die türkische Obrigkeit Kreter, die aus ihrer Sicht den Tod verdient haben, an einer alten Platane auf. Für Kapetan Michalis ist der Baum eine ständige Erinnerung an das Leiden seiner Vorfahren, ein Aufruf zur Rache, zum endgültigen Befreiungsschlag.
Der Glöckner der Kathedrale hat seinen drei Glocken Namen gegeben. Die mittlere heißt nach dem Heiligen und Patron der Stadt Minas, die beiden äußeren hingegen Freiheit und Tod. Blutrünstig sind in der Schilderung Kazantzakis' nicht nur die Türken. Auch den kretischen Kämpfern geht das Töten leicht von der Hand. Im Buch wächst entsetzliches Blutvergießen aus einer Provokation. Kapetan Michalis bricht auf seinem Pferd in ein türkisches Kaffeehaus ein und vertreibt die Gäste. Ein Mord auf dieser, ein Racheakt auf der anderen Seite. Die Eskalation schreitet voran. Am Ende ziehen die Kämpfer aus der Stadt in die Berge. Das große Töten und Getötetwerden beginnt erneut. Es wird nicht zur Befreiung führen, denn die „Mutter Griechenland" ist zu schwach und die „Franken" verweigern die Hilfe. Mitten im Kampf wird der Kapetan von Gefühlen abgelenkt, die er für eine Frau empfindet. Er ermordet sie des Nachts, als sie im Bett liegt. Eine schwer begreifbare Welt, mit schwer zugänglichen Werten. Der Kampf der Kreter ist aber auch ein Bild für das Leben überhaupt. Für den Kampf mit Gott, für den Schrei nach Gott.

Es gibt viele Orte auf Kreta, an denen man dem großen Sohn der Insel begegnen kann. In Myrtia steht das Kazantzakis-Museum, das alles Wissenswerte über ihn zusammenträgt. Es ist der Geburtsort von Michalis, Kazantzakis' Vater. Die Straßen sind nach Figuren in Kazantzakis-Romanen benannt. Eines der schönsten Exponate im Museum ist eine originale Brille des Schriftstellers. Was würden wir zu sehen bekommen, könnten wir die Welt durch seine Brille betrachten? In einem kleinen Kinoraum, in dem eine filmische Biografie Kazantzakis' vorgeführt wird, ist eine

ganze Wand mit Porträts von Menschen gestaltet: von Franz von Assisi bis Giorgis Sorbas, von Bergson und Nietzsche bis Buddha und Lenin, von seinem Dichterfreund Pandelis Prevelakis bis Dominikos Theotokopoulos. Während Gianis die Kamera auf die Porträts dieser und anderer Persönlichkeiten richtet, entspinnt sich unter uns ein nachdenkliches Gespräch. Welche Porträts würden wir an unsere eigene „Wand der Freunde und Einflüsse“ hängen?
Auf dem Weg in die Lasithi-Hochebene kommt man in dem hübschen Bergdorf Krasi vorbei. Die riesige Platane der Ortschaft ist weithin bekannt. In ihrem Schatten werden die Dorffeste gefeiert. Hier hat Kazantzakis gerne mit Freunden Urlaub gemacht. Eine Kaffeehauswirtin zeigt uns stolz das verfallende Haus, in dem er gewohnt hat. Die Gräser im Vorgarten sind so hoch wie die Tür. Sichtbare Zeit, auch hier.
Ansonsten scheint in Krasi die Zeit stehen geblieben zu sein. Es ist, als säßen die Frauen seit Jahrhunderten hier mit ihrem Häkelzeug. Als hätten die Männer immer schon Tavli gespielt und Raki mit Kaffee getrunken. Die Wirtin trägt die Getränke über die Straße zu den Tischen. Das ist weniger gefährlich, als man denkt. Die Einheimischen wissen, dass man hier vorsichtig fahren muss. Und die Touristen in den Autos bremst ihr Schauen.

Der Kampf um Gerechtigkeit

Kritsa, der malerisch am Hügel gelegene Touristenmagnet, ist nicht nur für die feinen Decken und Stoffe, Strick- und Häkelwaren bekannt, die Frauen in den Fußgängerzonen feilbieten. Kritsa ist untrennbar mit einem der Kazantzakis-Romane verbunden: „Der wiedergekreuzigte Christus“, in deutscher Übersetzung „Griechische Passion“. Griechen sind auf der Flucht, weil die Türken ihr Dorf niedergebrannt haben. Sie kommen in das Dorf Lykovrisi, das sich mit den türkischen Besatzern arrangiert hat und in Wohlstand lebt. Aber die Dorfbewohner, aufgehetzt von ihrem Priester namens Grigoris, verweigern den Flüchtlingen die Aufnahme und überlassen ihnen, als diese oben auf dem Berg ein neues Dorf gründen, nicht einmal einen Flecken unbebautes Land. Fotis, der Priester der Flüchtlinge, setzt sich mit keinem seiner Argumente gegen den Priester der Reichen durch.
Einige junge Leute aus Lykovrisi aber stellen sich auf die Seite der armen Flüchtlinge, allen voran der Schafhirte Manolios, der dazu ausersehen wurde, bei dem herannahenden Passionsspiel des Ortes den Christus zu

spielen. Einige „Apostel“ und eine „Maria Magdalena“ stehen ihm zur Seite. Sie unterstützen den Priester Fotis und die Seinen, stehlen Lebensmittel aus der Vorratskammer eines reichen Mannes, um sie den Armen auf dem Berg zu bringen. Manolios, der scheue und keineswegs redegewandte Hirte, hält in religiöser Begeisterung sogar eine Ansprache an die Dorfbewohner und fordert sie auf, die armen Brüder und Schwestern nicht allein zu lassen. Er hat in der Auseinandersetzung mit seiner Christus-Rolle, verstärkt durch das Gespräch mit Fotis, dem Priester der Armen, eine intensive Hinwendung zur Religion erlebt.

Dass ein Hirte zu den Dorfbewohnern spricht, muss pure Provokation gewesen sein. Mir wird das zum ersten Mal bewusst, als wir im Rouvas-Gebirge auf zwei junge Hirten stoßen. Sie erwarten ihre Herde, um sie zu füttern und zu tränken. Doch die Annäherung ist schwierig: Die Kreterin, die mir hilft, mich verständlich zu machen, zeigt anfangs wenig Ambition, mit den schwarz gekleideten Burschen ins Gespräch zu kommen. Hirten wie sie seien ungebildet, erklärt sie mir, lebten ihr eigenes Leben und hätten sogar „ihren eigenen Gott“. Erst als ich insistiere, stellt sie den Kontakt her – und ist überrascht, dass die beiden freundlich antworten. Kazantzakis hat die Provokation eines predigenden Hirtenburschen denn auch selbst abgemildert, indem er Manolios mit einem ungewöhnlichen Lebenslauf ausstattete. Er sei im Kloster aufgewachsen und von Mönchen betreut worden, heißt es in dem Buch.

Der Konflikt zwischen dem reichen Kloster unten und den armen Flüchtlingen auf dem Berg, zwischen Priester Grigoris und Priester Fotis eskaliert, als der Sohn des Reichen und enge Freund von Manolios den Flüchtlingen Land zur Verfügung stellen möchte, das er vom verstorbenen Vater geerbt hat. Sofort erklärt man ihn für verrückt und entmündigt ihn. Es kommt zu einer gewalttätigen Auseinandersetzung, im Zuge derer Manolios von dem Mann, der bei den Passionsspielen den Judas spielen soll, getötet wird. Christus wird also gewissermaßen noch einmal gekreuzigt, und das Elend der Welt setzt sich fort. Die Flüchtlinge mit ihrem Priester Fotis ziehen weiter.

Die Geschichte spielt eigentlich nicht auf Kreta; ihren Hintergrund bilden die gewaltsamen Zusammenstöße zwischen Griechen und Türken in Kleinasien etwa 1922 und die Vertreibungen der Griechen nach dem Zusammenbruch der „Großen Idee“ eines „Griechenland der zwei Kontinente und fünf Meere“.

Aber Kritsa ist der Schauplatz, an dem der französische Regisseur Jules Dassin 1956 den Roman unter dem Titel „Der Mann, der sterben muss“ verfilmt hat. Heute noch ist ein Teil der Kulissen zu sehen, die damals errichtet wurden: das Haus des reichen Mannes mit einem Garten, den man durch ein großes Tor betritt. Die Einnahmen aus den Dreharbeiten halfen dem Dorf aus der Armut, erzählt Emmanuil Afordakos, ein älterer Herr, der damals als Statist mit dabei war. Die Filmleute hatten für die Mitwirkenden 100 Drachmen pro Person und Tag geboten. Frauen sollten – aus heutiger Sicht unverständlich – nur 80 Drachmen verdienen. Das Gegenangebot des Bürgermeisters war bescheiden. 14 Drachmen pro Tag, damit wären alle glücklich, ließ er wissen. Am Ende einigte man sich auf 80 Drachmen für Männer und 60 für Frauen. Auch Kalliopi Psyllon stand damals unter Vertrag, heute gesteht sie freimütig, sie sei schwanger gewesen und habe sich, wenn es darum ging, noch einmal und schon wieder auf den Hügel hinaufzusteigen und auf Kommando ins Tal zu laufen, lieber in den Schatten gesetzt. Im Film sei sie daher kaum zu sehen. „Ich wollte ja nicht berühmt werden", sagt sie, „ich brauchte nur das Geld." Jules Dassin und sein Team waren hochzufrieden mit den Bewohnern von Kritsa und einem zweiten Dorf in der Nähe. „Wir haben schnell und diszipliniert gearbeitet", sagt der männliche Laiendarsteller. „Daher waren wir auch schneller fertig als geplant." 71 Tage wurde in Kritsa gedreht. Nur eine Szene habe den Fortschritt der Arbeiten etwas behindert, erzählt der Ex-Statist schmunzelnd. Ein Dorffest sollte dargestellt werden, und die Filmfirma ließ sich nicht lumpen. Man briet echtes Spanferkel und bereitete echtes Essen zu. Allerdings: Als die Kamera drehbereit war, war von all den guten Dingen nichts mehr übrig. Die Dorfbewohner hatten alles aufgegessen. Kein Wunder: „Wir waren arm und hungrig damals", erklärt der Mann. Am nächsten Tag musste man die Szene noch einmal drehen.

Die Diskussion um die beiden Priester, von denen der eine die Besitzstände der Reichen verteidigt und der andere für das Überleben der Armen kämpft, ist heute aktueller denn je. Nicht zuletzt die katholische Theologie der Befreiung in Lateinamerika hat die Frage der Gerechtigkeit ins Zentrum gerückt. Die frommen Christen in Kazantzakis' Roman, die ihren Glauben ernst nehmen und sich für die Flüchtlinge einsetzen, werden umgehend des Bolschewismus verdächtigt.
„Natürlich möchte heute jeder auf der Seite des guten Priesters Fotis stehen", sagt Vater Bartholomaios, der Abt von Epanosifi, als wir unter der Platane im Klosterhof sitzen. „Selbstverständlich möchte ich das auch." Man dürfe aber nicht übersehen, dass der Priester Grigoris vor allem versucht habe, die Ordnung aufrechtzuerhalten. Wie würde sich das Kloster in einem solchen Fall verhalten? Die Antwort fällt dem Igoumenos nicht

schwer, denn diesen Fall hat es schon gegeben. Als in den Zwanzigerjahren wie im Roman beschrieben Flüchtlinge aus Kleinasien nach Kreta kamen und auch im Kloster vorsprachen, trat ihnen Epanosifi Land ab, auf dem sie eine neue Existenz gründen konnten.

Der Sprung über den Stier

Im historischen Museum von Iraklio ist Nikos Kazantzakis' letztes Arbeitszimmer aus seiner Zeit in Antibes zu sehen – mit all den Büchern, die ihn bis zuletzt begleitet haben. Auf Umwegen kann man ihm sogar im archäologischen Museum der Hauptstadt begegnen. Denn wie so viele vor und nach ihm stand auch er staunend vor einem Wandbild aus Knossos: dem berühmten Sprung über den Stier. Drei Phasen eines gewaltigen Saltos vom Kopf über den Rücken bis zur Landung hinter dem Tier sind in einem Bild dargestellt. Man vermutet hinter dem gefährlichen Unternehmen ein Initiationsritual, eine Mutprobe, die Springer oder Springerin in den Kreis des Erwachsenseins katapultierten. Aber vieles über die Hintergründe des Rituals bleibt im Dunkel, vielleicht manchmal ein wenig aufgehellt von Theorien und Vermutungen.

Das alte Spiel der Minoer mit dem Stier muss Kazantzakis nachhaltig beeindruckt haben. Die Kreter töteten das Tier nicht, anders als etwa die spanische Corrida, in der sich die alte Bewunderung Europas für den Stier heute noch spiegelt und auf blutige Weise manifestiert. Sie spielten mit dem Stier, schreibt Kazantzakis, und zwar mit Respekt, ohne Hass. Er war kein Feind, sondern ein Partner, der sie anleitete, ihre Kraft zu vermehren, die Genauigkeit ihrer Bewegungen zu steigern und ihren Willen zu beherrschen. Kazantzakis bewundert die „Tapferkeit, sich mit der furchtbaren Kraft des wilden Tieres zu messen, ohne von Panik ergriffen zu werden. Und so verwandelten die Kreter das Schaudern in ein hohes Spiel, in dem die Tugend des Menschen durch die unmittelbare Berührung mit der vernunftlosen Kraft sich stärkte und siegte."

Es muss Unfälle gegeben haben bei diesem Ritual der fliegenden Körper, die sich von der Tierkraft abstießen, um Höhe und Raum zu gewinnen und am Ende gesammelt dazustehen, als wäre nichts gewesen. Vielleicht haben diese Stiersprünge im Labyrinth des Palastes von Knossos die Fantasie vom Minotaurus, der junge Opfer will, beflügelt? – Doch das ist nicht mehr als eine der Theorien, die das Dunkel nicht nachhaltig erhellen können. Im Museum ist auch eine Warnung vor dem allzu freien Spiel der Fantasie zu finden. Man hatte bei frühen Grabungen Teile eines Wandbildes entdeckt.

Hände und Füße in einem Blumengarten waren darauf zu sehen. Das Bild wurde vervollständigt, indem man den Körper eines Jünglings dazumalte. Doch dann fand man ähnliche Darstellungen und musste lernen, dass hier nicht Menschen, sondern Affen dargestellt waren. Jede Erkenntnis ist vorläufig, das gilt nicht nur für die Archäologie.
Was Kazantzakis an dem Stiersprung am meisten beeindruckte, war das Auge der Springerinnen und Springer. Da stand der junge Mann, die junge Frau, mit trainiertem Körper. Sie wussten: Sie beherrschten das Spiel. Dadurch, so der Dichter, „wird die Bewegung nun einfach, sicher und selbstverständlich, und das Auge schaut unerschrocken den Schrecken". Sie warfen sich der Gefahr entgegen – kämpfend, tanzend, spielend. Nikos Kazantzakis muss so wie ich lang vor diesem Bild gestanden sein. „Solcherart muss der kretische Blick gewesen sein", schreibt er in einem Kapitel mit dieser Überschrift in seiner „Rechenschaft vor El Greco". „Solcherart muss der kretische Blick gewesen sein, dachte ich beim Betrachten des an den Wänden gemalten urewigen Kampfes des Menschen und des Stieres, ‚den wir heute Gott nennen'."
Der urewige Kampf des Menschen mit der göttlichen Kraft. Was Kazantzakis hier findet, ist keine historisch-abstrakte Erkenntnis. Seit diesem Tag des „kretischen Blicks", schreibt er, „hat sich mein Leben geändert; meine Seele fand Boden unter den Füßen, sie wusste nun, worauf sie schauen konnte; und die furchtbaren Probleme, die mich quälten, beruhigten sich, wurden lächelnd, als wäre der Frühling gekommen ... Eine späte, unerwartete Jugend."

Ein geheimnisvolles Epitaph

Nikos Kazantzakis liegt auf der Martinengo-Bastion, einer Zitadelle der Stadtmauer von Iraklio, begraben. Die Geschichte seiner Beerdigung ist ein Drama für sich. Die orthodoxe Kirche von Athen weigerte sich, den Abtrünnigen in heiliger Friedhofserde zu begraben. In Iraklio fand sich immerhin ein Priester, der bereit war, das Begräbnis in der Kathedrale des heiligen Minas zu zelebrieren. Tausende folgten dem Sarg.
Jetzt liegt er also hier, mitten im Rasen unter einer großen Steinplatte. Ein Holzkreuz ist aufgerichtet. Nicht im selben Grab, sondern in einigem Abstand: Eleni Kazantzakis, seine zweite Frau, der er so viel verdankt. Sie war erschrocken, als sie die ersten Zeilen seines letzten Buches las: „Ich räume mein Werkzeug zusammen: Gehör, Gesicht, Geruch, Geschmack, Gehirn. Es ist nun Abend geworden, der Arbeitstag geht

zu Ende, ich kehre wie der Maulwurf nach Hause, in die Erde zurück. Nicht, als ob ich des Arbeitens müde geworden sei, ich bin nicht müde, aber die Sonne ist untergegangen."
Er musste sie beruhigen: Nein, ich werde nicht sterben. Und starb doch. Zehn Jahre hatte er sich in seinem El-Greco-Buch noch erbeten. Eines war ihm vergönnt.

Auf dem Grab steht der berühmteste Grabspruch Kretas:
„Ich hoffe nichts, ich fürchte nichts, ich bin frei."
Diese ins Offene weisenden Sätze stammen aus der buddhistischen Geist atmenden Schrift „Askitiki" (Askese) aus dem Jahr 1927, in der Kazantzakis etwas wie ein frühes Credo niedergelegt hat.
Hinweise darauf, wie er sie selbst verstanden hat, finden sich wiederum in der El-Greco-Schrift. Nach seinen Buddhismus-Studien in Wien schrieb er einen Dialog zwischen Buddha und dessen Lieblingsjünger Ananda. „Wer sagt, dass es eine Erlösung gibt, ist ein Sklave", sagt der kazantzakische Buddha. „Denn in jedem Augenblick wägt er jedes Wort ab, jede Handlung, und zittert: Werde ich erlöst? Werde ich nicht erlöst? Werde ich zum Himmel fahren? Werde ich zur Hölle gehen? Wie kann eine hoffende Seele frei sein? Wer hofft, fürchtet sich vor diesem Leben, fürchtet sich vor dem nächsten Leben, er hängt in der Luft und erwartet das Schicksal oder das Erbarmen Gottes." Die Schlussfolgerung daraus liegt nahe. „Erlösung heißt, von allen Erlösern erlöst zu werden; das ist die höchste Freiheit, so hoch ragend, dass der Mensch kaum atmen kann in ihrer Höhe. Erträgst du es?"

Ich schaue vom Buch auf und denke an Epanosifi, das dort hinter dem Zeusberg Giouchtas liegt. Und an die Mönche. Ist in ihrem bewussten Umgang mit dem Sterben nicht auch etwas vom „kretischen Blick", von dem Auge also, das unerschrocken den Schrecken schaut? Es kann kein Zufall sein, wie sehr sich die Themen ähneln. Wie die großen Begriffe, die Wegweiser auf der Suche Kazantzakis' auch das Leben der Mönche bestimmen: Verwandlung der Materie in Geist, Freiheit, Erlösung, Tod. Und natürlich Gott.
Von der Erlösung erlöst. Längst ist für mich auch nachvollziehbar geworden, warum Nikos Kazantzakis provoziert, warum es bisweilen schwer ist, seinem Suchen und Denken zu folgen. Aber wäre es nicht auch dem Gott der Christen zuzutrauen, dass er *diese* Freiheit und *diese* Erlösung will: eine Erlösung, die nicht aufs Neue knechtet durch die Drohung ihrer Verweigerung, sondern eine Erlösung, die ganz Freiheit ist?

Was die Väter von Epanosifi über Nikos Kazantzakis sagen, ist erstaunlich positiv.
Vater Makarios, der Theologe, wirft Kazantzakis lediglich vor, er habe versucht, alles mit dem Verstand zu erfassen – auch jene Dimensionen, die nur dem Herzen zugänglich seien. Das, obwohl gerade Kazantzakis auf der Suche nach der Seele war, nach der Gemütsbewegung, die das Denken aus seiner Starre befreien und in Bewegung setzen könnte. In Kazantzakis' rastloser Suche nach Erkenntnis, in seinem – wie Vater Makarios es nennt – „ständigen Vor und Zurück" erkennt der Mönch am Dichter aber wiederum etwas „typisch Kretisches".
Abt Bartholomaios nimmt Kazantzakis gegen allzu rasche Urteile in Schutz. „Viele sagen, er sei Atheist gewesen, aber das stimmt ganz und gar nicht." Der Igoumenos sieht in dem großen Kreter eher einen guten Schüler des vierten Evangelisten, Johannes.
Bei einem langen Gespräch im Klostergarten kommt auch von Metropolit Arsenios kein Wort der Kritik an dem großen Kreter. Untersuchungen über die Philosophie Kazantzakis' gibt es bereits, darunter ein Buch von Daniel Dombrowski über „Kazantzakis und Gott". Aber Metropolit Arsenios regt an, man solle sich auch von Seiten der orthodoxen Kirche mit der Theologie des Nikos Kazantzakis beschäftigen und Dissertationen zu diesem Thema vergeben.
Besonders spricht den Bischof an, dass Kazantzakis ein – so nennt er ihn – „Kämpfer für die Freiheit" gewesen sei. Nicht zufällig laute der letzte Satz auf seinem Grab: „Ich bin frei." Außerdem sei Kazantzakis ein „Gottsucher" gewesen. „Meiner persönlichen Meinung nach", fügt der Metropolit hinzu, „hat er Gott auch gefunden."
Dass die große Suche des Nikos Kazantzakis am Ende also nicht ins Leere ging, lässt sich aus Sicht des Metropoliten nicht zuletzt an den Sätzen auf dem Grab ablesen. Kardamakis interpretiert sie auf entwaffnende, schlichte und überzeugende Weise: „Wer keine Angst hat, liebt. Und wer liebt, hat Gott."

Kapitel 7

FREIHEIT UND DER BLICK NACH OBEN

Aspekte kretischen Christentums

„Welches ist der rechte Weg?
Der Weg empor.“
Nikos Kazantzakis, Griechische Passion

Sie sehen Ehrfurcht gebietend aus: Vater Igoumenos, Vater Paisios und Metropolit Kardamakis mit ihren schwarzen Bärten unter hohen schwarzen Kopfbedeckungen, umweht von schwarzen Gewändern, schreiten über den Klosterhof zur Kirche. Die Mönchskleidung macht etwas von der Majestät des Göttlichen spürbar, von seiner schwer erreichbaren Erhabenheit. Für einen Moment genieße ich den leisen Schauer, den die Erscheinung auslöst. Aber schon strecken sich mir im Näherkommen drei Hände entgegen, drei freundliche Gesichter lächeln mich an. „Kalimera, guten Morgen.“ Es ist der erste Tag unserer Dreharbeiten in Epanosifi, ein Sonntag. Er beginnt früh am Morgen mit der „göttlichen Liturgie“.
Wieder ist Vater Ephrem mit dem Holz um die Kirche gegangen und hat – ta-talonta, ta-talonta, ta-talatala-talonta – zum Gottesdienst gerufen. Das erinnert, wie er mir später erklärt, an die Arche Noah. Mit diesem Klopfen auf Holz habe Noah einst die Tiere aufgefordert, an Bord zu kommen. Heute kommen auch die Glocken zum Einsatz. Sie sind an einem Gestänge direkt an der Brüstung angebracht – dort, wo der Blick in die Ferne geht. Von hier sind sie in weitem Umkreis zu hören.
Im Gottesdienst bringt Vater Ephrem dann auch wieder die großen Lüster zum Rotieren. Ein „Tanz aus Freude über das Evangelium“ sei das, erklärt er mir. Auch dieses Gestaltungselement der tanzenden Lichter komme von dort, wo er so gern war: vom Berg Athos.
Der Gottesdienst ist gut besucht, wenn auch nicht von Anfang an. Nach und nach kommen die Menschen, bekreuzigen sich nach orthodoxer Art mit dem Daumen und den ersten beiden Fingern, die zusammen die Dreifaltigkeit symbolisieren, während Ringfinger und kleiner Finger die zwei Naturen Christi oder auch das Kommen und das erhoffte Wiederkommen des Herrn zum Ausdruck bringen. Die Ankommenden zünden Kerzen an, machen ihren Rundgang zu den Ikonen. Dann bleiben sie im Raum stehen. Sitzgelegenheiten gibt es nach orthodoxer Tradition nur wenige: Chorgestühl an den Wänden und einige Plastikstühle im hinteren Teil der Kirche. Mittlerweile gibt es auch auf Kreta Kirchen, die mit Stuhlreihen für die Gläubigen ausgestattet sind. Aber in der Klosterkirche von Epanosifi hat sich diese Neuerung noch nicht durchgesetzt.

Viele Gläubige verlassen die Kirche bald wieder und versammeln sich draußen im Klosterhof.
Wir bleiben in der Kirche, versuchen, die schönsten, sinnlichsten Momente mit der Kamera einzufangen. Wieder bewundere ich das Zusammenspiel der Kleriker und Sänger, die Präzision ihrer oft improvisierten Antiphonen, die Solo-Männerstimmen, die dem Geschehen so unterschiedliche Farben verleihen, das geheimnisvolle Sich-Entziehen des liturgischen Geschehens hinter der Ikonostase. Die wiederkehrenden Symbole sprechen alle Sinne an: der Weihrauch, der Segen mit dem zweifachen und dem dreifachen Kerzenhalter. Leider gibt es zwischen Katholiken und Orthodoxen keine Mahlgemeinschaft; zum Empfang der Kommunion bin ich also nicht berechtigt. Die Last der Geschichte wiegt noch heute schwer auf den christlichen Gemeinschaften. Am Ende aber wird geweihtes Brot verteilt, das *antídoron*. Eine Möglichkeit auch für den Nicht-Orthodoxen, sich ein Symbol einzuverleiben.
Eine ganz unkomplizierte Mahlgemeinschaft mit mir, dem Katholiken, entsteht nach dem Gottesdienst. Zuerst kommen die Kirchenbesucher bei Kaffee und kalten Getränken zusammen, dann sind meine Kameraleute und ich zum Mittagessen mit den Mönchen eingeladen.
An einem anderen Sonntag komme ich nach der Liturgie mit einem der Sänger ins Gespräch. Er ist kein Mönch, aber mit den Gesängen aus dem Gottesdienst aufgewachsen, denn auch sein Vater war Sänger. Außer uns beiden ist nur Vater Dorotheos im Raum. Die Gottesdienstbesucher sind nach Hause gegangen; sie haben leere Becher und halbleere Tabletts mit Keksen zurückgelassen. Der Kantor singt eine Hymne nur für mich; ich erkenne seinen schönen Bariton wieder. Es ist ein Moment, an dem es keine Kirchenspaltung gibt. Nicht einmal die Sprache kann uns trennen; ich höre die Klage in dem Gesang, empfinde die weichen Verzierungen der Melodie wie einen Trost. Der Mann singt leise, und ich wünsche mir von Zeile zu Zeile, dass sein Gesang noch nicht aufhören möge. Als dann doch der letzte Ton verklungen ist, braucht Vater Dorotheos zum Übersetzen nicht viele Worte. „Lord, I cry." Ich weine, Herr.

Die Freiheit zu kommen und zu gehen

Nach der stundenlangen Feier hat die schwere Mitra auf der Stirn des Metropoliten eine tiefe Furche hinterlassen. Es dauert, bis sie verschwindet. Ob eine so lange Feier für die Zelebranten nicht auch physisch anstrengend sei, frage ich ihn. Die Antwort ist ihm mit freiem Auge anzusehen.

Die Frage des römisch-katholisch Geprägten, der die Liturgiereform des Zweiten Vatikanischen Konzils für einen Segen hält, kann nicht ausbleiben. Ich möchte von Metropolit Arsenios wissen, ob er es nicht als störend empfindet, dass die Menschen nach eigenem Gutdünken kommen und gehen. Wieder überrascht mich seine Antwort, denn auch dieses Thema ist für ihn ein Anlass, von der Freiheit zu sprechen. Die Kirche empfehle, wenigstens am Anfang der Liturgie dabei zu sein, sagt er. Aber natürlich gebe es gute Gründe, die das verhindern. Jeder und jede Gläubige solle daher nach eigener Möglichkeit für sich entscheiden. Mit anderen Worten: Die Gläubigen sind frei zu kommen und zu gehen.

Auch Vater Makarios ist für dieses Thema ein guter Gesprächspartner. Wir sitzen in seiner Zelle, die eigentlich eine Wohnung ist. Der Wohn- und Arbeitsraum sowie die Küche liegen im Erdgeschoß; im ersten Stock ist das Schlafzimmer. Makarios hat exzellenten griechischen Kaffee gemacht. Wie Vater Paisios zählt er zu den engsten Freunden Arsenios Kardamakis'; sie haben in Athen während des Theologiestudiums zusammengewohnt und viel miteinander gebetet. Der vielseitige Mönch ist gerade dabei, ein dreibändiges Werk über Bioethik abzuschließen, und korrigiert Abend für Abend die Druckfahnen. Neben seinem Hauptberuf als Leiter der Presseabteilung der Erzdiözese Iraklio lehrt er an der Universität. Er hat auch Amerika-Erfahrung: Eineinhalb Jahre lang hat er in Boston unterrichtet – auch dort sein Spezialgebiet Bioethik.

Ich frage Vater Makarios nach der Liturgie. In den Westkirchen sei das Mittun und Mitfeiern der Gläubigen sehr wichtig geworden, führe ich aus. „Bewusste, volle und tätige Teilnahme“ fordert beispielsweise das vatikanische Reformkonzil.

Vater Makarios weiß mit dieser Frage umzugehen. Die Gläubigen seien auch im orthodoxen Gottesdienst alles andere als unbeteiligt, sagt er. Die Priester seien auf die Gläubigen angewiesen; ohne sie könne keine Liturgie gefeiert werden. Das Entzünden der Kerzen, die Verehrung der Ikonen, das Bekreuzigen, das Einatmen des Weihrauchs: Das alles seien Formen der Teilnahme an einem Geschehen, das dem Himmel näher sei als der Erde.

Zu Beginn des Gottesdienstes werden nicht nur die sichtbar Anwesenden begrüßt, sondern auch die Toten, die Heiligen, mit denen sich die heute Lebenden verbunden fühlen. Der erhebende Kirchenraum und die „göttliche Liturgie“, das Verweilen in der Nähe jener vorbildlichen Gestalten, die auf den Ikonen repräsentiert sind: All das soll die orthodoxen

Gläubigen dem Himmel näherbringen und sie ermutigen, ihr Leben nach den Vorbildern auszurichten.
Trotzdem: Von Griechinnen und Griechen unterschiedlichen Alters habe ich mehrfach gehört, sie gingen ungern zur Kirche, weil sie nichts von dem verstünden, was dort gebetet würde. Denn die Sprache der Liturgie ist Altgriechisch und von der heute gesprochenen „Dimotiki“ weit entfernt.
„Warum wollen sie es verstehen?“, fragt Vater Makarios. Er erzählt die Geschichte von einem jungen Mönch, der ein Problem zu lösen hat und es mit seinem Beichtvater bespricht. Der empfiehlt ihm, die Psalmen zu beten. Als sie sich wieder treffen, kann der junge Mann berichten, dass ihm das Gebet sehr geholfen habe. Aber nun ist sein Interesse erwacht, und er möchte die Psalmen auch verstehen. „Es ist nicht wichtig, dass du verstehst, was du betest“, sagt ihm sein geistlicher Begleiter. „Wichtig ist nur, dass es der Satan versteht.“

Der Apostel Paulus und die Insel

Die historischen Wurzeln der Kirche auf Kreta gehen in die Zeit des Apostels Paulus zurück. Es ist allerdings äußerst fraglich, ob er selbst auf der Insel gepredigt hat. In der Apostelgeschichte ist von einer Missionstätigkeit des Paulus auf kretischem Boden nicht die Rede. Allerdings heißt es im neutestamentlichen Brief an Titus, der Absender habe den Adressaten „in Kreta zurückgelassen“, sodass manche Autoren daraus schließen, Paulus müsse nach der in der Apostelgeschichte beschriebenen Zeit, also nach seiner Freilassung in Rom, nach Kreta gekommen sein. Mittlerweile herrscht aber zumindest unter westlichen Exegeten weitgehend Einigkeit darüber, dass der Titusbrief nicht von Paulus selbst geschrieben wurde; zu groß sind die sprachlichen und inhaltlichen Unterschiede zu anderen Paulusbriefen. Für eine Predigttätigkeit des Apostels auf kretischem Boden gibt es also keinen Beweis, dennoch fühlt sich die Kirche Kretas eng mit ihm verbunden.
Das heißt freilich nicht, dass Paulus die Insel nie betreten hätte. Eine Ankunft wird in der Apostelgeschichte sehr wohl beschrieben. Paulus war als Gefangener unterwegs nach Rom, als sein Schiff in einer kleinen Ortschaft an der Südküste anlegte. Sie trägt heute noch denselben Namen wie im Neuen Testament: Kaloi Limenes. Gegen den Rat des Paulus sei man von dort wieder aufgebrochen, berichtet die Bibel. Das führte schließlich zum Verlust des Schiffes.

Einheimische kennen das Phänomen bis heute. Tatsächlich kommen im Winter an der Südküste ungünstige Winde auf, erzählt Arsenios Kardamakis. Sie würden es einem Segelschiff auch heute sehr schwer machen voranzukommen.

Im Titusbrief, dessen Verfasser also vermutlich nicht Paulus selbst war, wird eine Bemerkung über die Kreter zitiert, die auf ein in der Antike offenbar verbreitetes Vorurteil anspielt. „Die Kreter sind immer Lügner, böse Tiere und faule Bäuche." Metropolit Arsenios, der mich selbst auf die Stelle aufmerksam gemacht hat, lacht dazu. Vermutlich sei es damals so gewesen, wie es heute noch ist, meint er: „Die Kreter sind entweder sehr gut oder sehr schlecht. Mittleres, Laues ist kaum zu finden."

Ob Paulus nun selbst auf Kreta missioniert hat oder nicht: Er hat auf jeden Fall große Bedeutung für das kretische Christentum. Titus, sein in den Briefen mehrfach erwähnter Mitarbeiter, wurde laut Tradition der erste Bischof auf Kreta und residierte in Gortyn. Er wird bis heute hoch verehrt. Allerdings waren nach dem Bericht der Apostelgeschichte kretische Juden schon beim Pfingstereignis in Jerusalem dabei. Man vermutet also, dass sich die Nachricht von der Auferstehung des Jesus von Nazaret schon sehr früh auf kretischem Boden verbreitete.

In Kaloi Limenes steht heute eine kleine Kapelle. Darunter ist eine Höhle zu besichtigen, von der es heißt, Paulus habe sie bis zur Weiterreise bewohnt. Der Anstieg zu dieser Paulus-Gedenkstätte zieht sich in die Länge. In kretischer Hitze wird eine schweißtreibende Angelegenheit daraus. Aber Metropolit Arsenios würde auf diesen Programmpunkt nur ungern verzichten und die Gruppe österreichischer Journalistinnen und Journalisten folgt ihm willig. In der Höhle werden die biblischen Sätze verlesen, in denen Kaloi Limenes genannt wird. Dabei zeigt sich einmal mehr deutlich, wie sehr sich der Metropolit dem Missionar von damals verbunden fühlt. Wie Paulus ist ja auch er selbst aufgebrochen, um in anderen Ländern das Evangelium zu verkünden.

Wenn man ihm genau zuhört, ist es die geradezu mönchische Machtlosigkeit der ersten Missionare, die ihn fasziniert. „Paulus und die anderen Apostel", sagt er, „haben einfach das Evangelium verkündet: ‚Wir sind überzeugt, dass Christus der wahre Gott ist. Kommen Sie, sehen Sie.' Sie waren hundertprozentig überzeugt und haben an das Reich Gottes geglaubt."

Von daher leitet sich für ihn die Methode ab, mit der auch heute die Kirche an die Menschen herantreten solle: „Ich sehe als wichtige Aufgabe der orthodoxen Kirche, das Evangelium weiterzuverkünden – und dabei offen zu sein für den Dialog. Alle Menschen sind herzlich willkommen, diese Wahrheit anzunehmen oder eben sie zu ignorieren und abzulehnen. Die Kirche darf ihr Angebot niemandem aufzwingen. Die Entscheidung steht jedem Menschen frei. Diese absolute Freiheit der Kirche fasziniert mich."

Die Nachfrage an den Mönch im Bischofsamt drängt sich auf: Liegt ihm das Bischofsgewand nicht bisweilen schwer auf den Schultern? Kann das mit Machtbefugnissen ausgestattete Amt nicht den Charakter verderben und der mönchischen Bescheidenheit zuwiderlaufen?

Die Antwort kommt schnell und ohne Zögern: „Wenn man das Amt als Machtposition sieht, ist es tatsächlich eine ständige Versuchung. Aber wenn man es als Diakonie versteht, als Dienst an den anderen Menschen, ist das nicht so." In der orthodoxen Kirche ist das Mönchtum die Voraussetzung dafür, Bischof werden zu können. Aber wer mit solchen Hintergedanken von Aufstieg und Karriere ins Kloster kommt, habe keine Chance, ein guter Mönch zu sein, sagt der Mönch im Bischofsamt. Denn auch der Bischof bleibt Mönch. Als der heutige Metropolit als junger Mann ins Kloster kam, erzählt er, wollte er nichts anderes als Mönch sein und so der Kirche dienen. Diese Entscheidung hat er nie widerrufen: „Der Mönch bleibt immer Mönch."

Orthodoxe und Katholiken

Langsam, aber stetig muss sich das Christentum auf der Insel durchgesetzt haben. Die jüngsten Funde aus der idäischen Zeus-Höhle stammen aus dem vierten Jahrhundert nach Christus. Das dürfte die Zeit gewesen sein, in der dem Zeus seine Anhänger zugunsten der neuen Religion abhandenkamen. In Agioi Deka („Zehnheiligen") wird der ersten Märtyrer gedacht: Zehn Christen aus verschiedenen Teilen Kretas wurden Opfer der Christenverfolgung unter Kaiser Decius. Auch aus der Zeit der Verteidigung gegen die Ikonoklasten, die die Ikonenverehrung unterbinden wollten, gibt es Märtyrer, die heute noch verehrt werden. Höchst aufschlussreich ist ein Besuch im schon erwähnten Gortyn, der seit dorischer Zeit zentralen Stadt der Messara-Ebene, die auch ein frühes Zentrum des Christentums war. Eine Basilika aus dem sechsten Jahrhundert, deren Ruine dort zu sehen ist, ist dem heiligen Titus geweiht. Er soll hier Bischof gewesen sein, und auch Paulus, heißt es, soll hier gepredigt haben.

Zunächst war die römische Kirche für Kreta zuständig. Erst ab dem achten Jahrhundert, als Rom drauf und dran war, unter den Einfluss der Franken zu geraten, übernahm Konstantinopel das Ruder: einer von vielen Herrschaftswechseln zwischen West und Ost. Während der Zeit arabischer Herrschaft auf Kreta waren die Kontakte zur kirchlichen Hauptstadt naturgemäß eingeschränkt. Aber das Christentum überlebte; es gibt keine Berichte über eine etwa notwendig gewordene Neumissionierung auf Kreta, als Byzanz nach den Arabern die Herrschaft wieder übernommen hatte.

Unter den lateinischen Venezianern bewies Kreta sein Integrationsvermögen. Schon wenige Generationen nachdem die Kolonisatoren ins Land gekommen waren und eine deutlich abgegrenzte Oberschicht gebildet hatten, sprachen ihre Nachfahren kaum mehr Italienisch. Auch diejenigen, die katholisch blieben, verehrten die griechische Sprache als Brücke zur alten Philosophie und zum Neuen Testament. Hoher Steuerdruck auf die Kolonie verursachte einen Aufstand der Kolonisatoren selbst gegen das Mutterland (1362–1368), den sogenannten Titusaufstand: Der heilige Markus wurde durch Titus als Patron der Insel ersetzt. Venedig schlug die Rebellion mit aller Härte nieder, diese aber hatte Venezianer und Kreter einander nähergebracht. Danach war es auch für Griechen möglich, in die oberen Ränge der Gesellschaft aufzusteigen. Die letzten Jahrzehnte venezianischer Herrschaft auf Kreta verliefen weitgehend spannungsfrei und – was etwa die Kunstproduktion betrifft – äußerst fruchtbar. Die kretische Schule der Malerei blühte.

Dennoch: Man sollte sich die Ära der Venezianer, die prächtige Gebäude und Befestigungsanlagen hinterließen, nicht als zu idyllisch vorstellen. Im Gegenteil, es waren harte Zeiten. Kräftige Bauern wurden zum Dienst auf den Galeeren gezwungen. Das bedeutete eine übermenschliche Anstrengung, die regelmäßig Todesopfer forderte und darum so gefürchtet war, dass sich ihr laut Berichten aus der Zeit nicht wenige Kreter durch Selbstmord entzogen. Dazu kamen Hungersnöte, einerseits durch Dürre und Missernten, andererseits aber auch durch die Zerstörung der Felder als Strafe für Aufstände. Zudem wütete in dieser Zeit auf der Insel die Pest. Sie dezimierte die Zahl der Bewohner drastisch. Als wäre das alles nicht längst genug, wurde die Insel auch noch von schweren Erdbeben heimgesucht. Vor allem jenes von 1508 ist als große kretische Katastrophe in Erinnerung geblieben.

Seelsorger hatten in dieser Zeit gewiss alle Hände voll zu tun. Aber der konfessionelle Streit setzte der orthodoxen Kirche zu. Die Venezianer zögerten nicht, die orthodoxe Hierarchie durch eine katholische zu ersetzen. In den Städten gab es kaum noch orthodoxe Priester; auf dem Land wurden ihnen *Protopapades* vorgesetzt, von der venezianischen Administration eingesetzte prowestliche orthodoxe Priester, die für eine Union der beiden Kirchen eintraten und dem Papst wie dem katholischen Erzbischof von Kreta ergeben waren. Die orthodoxen Priester wurden von der Obrigkeit argwöhnisch beobachtet; nicht zu Unrecht wurden sie verdächtigt, im Fall des Falles auf der Seite der Aufständischen zu stehen. Es ist durchaus nachvollziehbar, dass in dieser Zeit tief sitzende und langlebige antikatholische Reflexe entstanden.

Damals wurden vor allem die Klöster zu Säulen byzantinisch-orthodoxer Tradition und nationaler Identität. Viele von ihnen betrieben Schulen, kopierten Schriften und sammelten Bücher in Bibliotheken. Allerdings beklagen die Historiker ein gewisses Schwinden moralischer Standards, dem durch das Fehlen einer orthodoxen Obrigkeit Vorschub geleistet wurde. *Syneisakton* nannte man beispielsweise den Brauch, nach dem unverheiratete Frauen in den Klosterzellen mit den Mönchen – vorgeblich in „geistlichen Ehen“ und „wie Brüder und Schwestern“ – zusammenlebten. Es waren Gesandte des Patriarchen in Konstantinopel, aber auch kretische Mönche selbst, die solchen Praktiken entgegentraten.
Vor allem in den letzten Jahrzehnten venezianischer Herrschaft wird von zahlreichen Klostergründungen berichtet; zum Teil wurden auch alte, verlassene Klöster revitalisiert. Das dürfte auch die Zeit sein, in der Epanosifi entstand.

Die Kirche im Kampf um die Freiheit

Als die Osmanen die Macht übernahmen, bedeutete das für Kreta einen Kulturschock. Viele Mönche flohen von der Insel und nahmen ihre Bibliotheken mit. Schulen wurden geschlossen, andere – vor allem Klosterschulen – praktisch auf das Erlernen des Alphabets reduziert. Die Zeit der „kretischen Schule“ der Malerei war vorüber; nur mehr sehr vereinzelt traten Künstlerpersönlichkeiten hervor.
Doch die Osmanen taten einen bemerkenswerten Schritt: Sie setzten die orthodoxe Hierarchie wieder in ihre Rechte ein. Zum ersten Mal seit 1204 gab es wieder orthodoxe Bischöfe im Land. Die kirchliche Obrigkeit erhielt von der osmanischen Verwaltung einige Privilegien zugesprochen, Priester und Gläubige waren zum Gehorsam verpflichtet. Die osmanischen Behörden durften sich nicht in innere Angelegenheiten der

Kirche einmischen. Allerdings: Vor Übergriffen der Janitscharen war die Kirche dennoch nicht gefeit. Diese dem Sultan direkt unterstellte Elitetruppe, für die Knaben der unterworfenen Völker zwangsrekrutiert und zu Militärsklaven erzogen wurden, agierte selbstherrlich und beanspruchte einen quasi rechtsfreien Raum. Über einen „Aga", der Mitglied im Klosterkomitee war, zahlten die Klöster Schutzgelder an diese Elitesoldaten, die auf lange Sicht sogar dem Pascha und dem Sultan gefährlich werden sollten.

Die orthodoxen Priester lebten wie andere Dorfbewohner auch. Sie betrieben Landwirtschaft, ernährten ihre Familien und mussten sich dazu noch als Ratgeber der ihnen anvertrauten Menschen bewähren.

Was das Leben drückend machte, war eine hohe Steuer, die jede Familie abzuliefern hatte. Dazu kam eine weitere Steuer, die das anfangs äußerst autoritär agierende Ökumenische Patriarchat für sich eintrieb. Die Folge waren ernsthafte Unabhängigkeitsbestrebungen der kretischen Kirche, die aber durch Intervention des Paschas und eine geänderte Politik der Kirchenleitung bald vom Tisch waren.

Die neue Lage führte zu massenhaften Konversionen. Ganze Dörfer wurden – zumindest offiziell – muslimisch. Das für Kreta völlig neue Phänomen des Geheimchristentums griff um sich. Trotz offiziell geltender Religionsfreiheit war es schwierig, Kirchen zu bauen oder zu restaurieren. Solche Unternehmen waren mit Genehmigungsverfahren verbunden, die bisweilen mehr kosteten als das Bauvorhaben selbst. Das Ökumenische Patriarchat nahm daher einzelne Klöster unter seinen Schutz.

Insgesamt entwickelten sich die Klöster dennoch gut und wurden bald wieder zu Zentren der Bildung. Dass heute kaum nennenswerte Klosterbibliotheken zu finden sind, liegt daran, dass ein Großteil von ihnen im 19. Jahrhundert, in der langen Serie von Aufständen gegen die Fremdherrschaft, zerstört wurde.

Kirchenmänner zählten zu den Unterstützern und Trägern der Rebellion. Viele von ihnen, darunter Bischöfe und der Erzbischof, waren Mitglieder der geheimen „freundlichen Gesellschaft", die die Befreiung Kretas betrieb. Kleriker zählten daher auch bald und häufig zu den Opfern türkischer Abwehr- und Racheaktionen. Doch schrittweise erkämpfte die Revolution wirkliche Religionsfreiheit zurück. Dass man in Epanosifi die durch ein schweres Erdbeben 1856 zerstörte Klosterkirche relativ rasch wieder aufbauen konnte, könnte mit Erleichterungen zu tun haben, die im selben Jahr in einem Erlass des Sultans festgeschrieben wurden und im Zusammenhang mit der „Tanzimat"-Periode zu sehen sind, einer Reihe von Reformen im Osmanischen Reich des 19. Jahrhunderts. So wurde es auch möglich, dass zum ersten Mal seit 1699 auf Kreta wieder Kirchenglocken läuten durften. Nur Arkadi, das „Kloster mit der Glocke", war immer eine Ausnahme gewesen.

Die Politik der Ikonen

Über Jahrzehnte und Jahrhunderte wurde die Befreiung Kretas von osmanischer Herrschaft zum alles dominierenden Motiv. Der schon erwähnte Roman „Kapetan Michalis" von Nikos Kazantzakis setzt 1889 ein und beschreibt eine der Erhebungen der Kreter gegen die osmanischen Herrscher. Bevor es zum Kampf kommt, zeigt der Erzbischof von Megalokastro, dem heutigen Iraklio, seinen Gästen eine ungewöhnliche Ikone. Es handelt sich um eine Kreuzigungsszene, aber bei näherer Betrachtung hängt nicht Christus am Kreuz, sondern eine Frau namens Kreta – als „schwarzgekleidete, gepeinigte Mutter". Ob es nicht eine Sünde sei, Kreta als Christus darzustellen, fragt einer der Gäste schockiert. Der Metropolit muss dem Frager Recht geben. „Es ist eine Sünde", seufzt er, „aber sie ist es wert."

Wie nahe Kirche und kirchliche Kunst der Freiheitssehnsucht ihres Volkes in dieser Zeit waren, zeigt sich überraschend deutlich am Beispiel der Klosterkirche von Epanosifi. Denise Alevizou, Kunsthistorikerin am historischen Museum Kretas in Iraklio, hat die beiden Ikonostasen erforscht. Sie zeigt mir an Ort und Stelle, was es dort an Erstaunlichem zu sehen gibt. Wie oft bin ich vor diesen meist schlecht beleuchteten Ikonen gestanden, ohne zu sehen, was ich seither sehe?

Die Bilder der Ikonostasen, das fällt auch ohne Expertin auf, sind nicht in einem Stil gemalt, den man „byzantinisch" nennen würde. Vielmehr kommt hier sehr deutlich westlicher Einfluss zum Tragen.

Der griechische Nationalstaat, der aus dem Befreiungskampf hervorgegangen war, stand unter der Regentschaft eines deutschen Herrschers, des aus Salzburg stammenden bayrischen Königs Otto. Er träumte von der Wiedergeburt eines goldenen Zeitalters wie unter dem legendären Athener Staatsmann Perikles, dessen Wirken sich sowohl der Ausbau der Athener Akropolis als auch die Ausgestaltung der attischen Demokratie verdanken. Unter den Griechen im neuen Königreich Ottos wuchs die bereits erörterte „Große Idee", man könne den Nationalstaat auf alle Gebiete mit griechischer Bevölkerung ausdehnen und letzten Endes auch Konstantinopel als Hauptstadt zurückerobern. Auf künstlerischem Gebiet setzte sich eine merkwürdige Ideologie durch. Man wollte die alte byzantinische Kunst allen Ernstes von ihren angeblichen Unzulänglichkeiten befreien und propagierte eine „verbesserte byzantinische Kunst", die letztlich in der Übernahme westlicher Vorbilder bestand: Tizian oder Leonardo wurden kopiert, vor allem aber übernahm man den neuen Malstil der Nazarener, der unter Otto in Griechenland eingeführt worden war. Gegenüber Zweiflern argumentierte man, dass einst die griechische Kultur westeuropäische Kunst zur Blüte gebracht habe und es nun für den Westen an der Zeit sei, seine Dankesschuld abzustatten.

Nach dem Abendgebet der Mönche betreten wir das Halbdunkel der Kirche. Die Ikonenwände, die den Altarraum verbergen, sind wie immer in verhaltenem Licht, man muss näher an sie herantreten, um das Dargestellte zu erkennen. Denise Alevizou ist sofort in ihrem Element. Die Kirche ist zweischiffig und hat daher auch zwei Ikonostasen nebeneinander. Während sich die nördliche mit der „Transfiguration" beschäftigt, also mit der Verklärung Jesu auf dem Berg Tabor, hat die südliche den heiligen Georg und sein Martyrium zum Thema. Das sieht zunächst ausschließlich biblisch und theologisch aus, hat aber, wenn man es zu lesen weiß, deutliche politische Implikationen.

Die Kirche musste nach der Zerstörung durch das Erdbeben von 1856 neu gebaut werden. Zwischen 1880 und 1882 wurden die Ikonenwände fertig gestellt. Beauftragt waren zwei Künstler. Einer von ihnen, Antonios Alexandrides, hatte sein Studium an der Wiener Akademie der Bildenden Künste absolviert – und sich übrigens auch in der Wiener griechisch-orthodoxen Gemeinde als Ikonenmaler betätigt.

Auf der untersten Ebene der Georgs-Ikonostase sind Motive aus dem Neuen Testament dargestellt: die Fußwaschung, Christus auf dem Ölberg, die Verleugnung des Petrus und die siebte Kreuzwegstation: Jesus fällt zum zweiten Mal unter dem Kreuz. Demgegenüber zeigt die nördliche Ikonostase in der untersten Reihe Motive aus dem Alten Testament: die Klage des Jeremia, die Vision des Ezechiel, die Weissagung des Jesaja, Daniel in der Löwengrube und den Propheten Jona mit dem Wal, der ihn verschluckt hat.

Und nun beginnt die politische Symbolik der nördlichen Ikonostase, denn in der zweiten Ikonenreihe wird deutlich, dass es hier mehr um Kreta als um die Bibel geht. Dort sind – neben der unverzichtbaren „Transfiguration" als dem theologischen Zentrum des Bildkonzepts – die zehn Heiligen dargestellt, die ersten Märtyrer Kretas. Diese Ikone erinnert in der Gestaltung an die Aussendung der Jünger durch Jesus.

Auf einem Schild liegt ein Schwert. Eine Schrift ist zu lesen: „Kämpft für Glaube und Vaterland" – eine Erinnerung an das damals sehr bekannte Manifest des Freiheitskämpfers Alexander Ypsilantis: „Auf, auf. Für den Glauben und fürs Vaterland. Die Stunde ist gekommen, wackere Griechen." Eine weitere Ikone in dieser Reihe zeigt die „drei Hierarchen", an deren Gedenktag neu gegründete Schulen gefeiert wurden. Die drei Kirchenväter stehen für die Notwendigkeit, Griechisch zu lernen, für Bildung und Hellenismus. Ganz rechts ist die Szene zu sehen, in der Paulus den Kretern predigt, während auf den Toren der Ikonostase der kretische Bischof Myron und Kretas erster Apostel, der heilige Titus, abgebildet sind.
Ist aus der mittleren Reihe klar geworden, dass hier alles um Kreta kreist, lässt sich die Symbolik der unteren, alttestamentlichen Prophetenreihe erst richtig deuten. Da sitzt der einsame Prophet Jeremia, der sich in Trauer auf seine Hand stützt. Auf einer Schrifttafel zu seinen Füßen ist zu lesen: „Wie einsam sitzt sie da, die einst so volkreiche Stadt. Einer Witwe wurde gleich die Große unter den Völkern." Mit dieser „Stadt" meint der biblische Autor natürlich Jerusalem. Im griechischen Kontext ist damit aber auch Konstantinopel gemeint, das bis heute oft nur *o polis*, „die Stadt", genannt wird. Gefallenes Jerusalem, gefallenes Konstantinopel. Aber in einer dritten Bedeutungsebene ist damit auch das „gefallene" Kreta selbst gemeint, das ebenfalls auf Erlösung, auf eine „Auferstehung" oder Transfiguration wartete. Die Ikone erinnert – auch das hat die Expertin herausgefunden – an eine andere Darstellung, die der in Österreich ausgebildete Maler etwa zur selben Zeit dem Erzbischof von Iraklio schenkte. Unter dem auferstandenen Christus ist dort eine Mutterfigur zu sehen, die einen entkräfteten Soldaten in den Armen hält. Die griechische Fahne liegt auf dem Boden. Links davon hält sich eine in Schwarz gekleidete Frau an einem Leiterwagen voller Lilien fest. Neben dieser Szene findet sich ebenfalls ein Zitat aus den Klageliedern: „Ihr alle, die ihr des Weges zieht, schaut doch und seht, ob ein Schmerz ist wie mein Schmerz, den man mir angetan, mit dem der Herr mich geschlagen hat am Tag seines glühenden Zornes." Hier wie dort geht es um die Dreifachparallele Jerusalem – Konstantinopel – Kreta. Während Griechenland schon befreit war, stand Kreta noch unter osmanischer Herrschaft: Hoffnung auf eine politische „Auferstehung", die man religiös deutete.

Hat der Schlüssel der Interpretation das Schloss nun einmal geöffnet, fällt es nicht mehr schwer, auch die Bedeutung der restlichen alttestamentlichen Motive zu verstehen. Die Vision des Ezechiel, in der sich auf das Wort Gottes hin altes Gebein mit Fleisch, Sehnen, Haut und Haaren bedeckt, beschreibt die Hoffnung auf die Auferstehung Israels. Und Kretas. Daniel wird in die Löwengrube geworfen und überlebt. Wie hoffentlich Kreta. Jona wird vom Wal verschluckt und drei Tage später wieder ausgespuckt. So wird auch Kreta eines Tages vom Dunkel ins Licht treten. Folgerichtig ist die Ikonostase auch mit einer Darstellung der Auferstehung gekrönt. Ein weiterer Hinweis auf die politischen Implikationen der scheinbar rein religiösen Inhalte liegt in den zentralen Ikonen auf der Georgsseite. Sie sind direkte Kopien von Ikonen in der Kathedrale von Athen. Diese Verbindung mit der griechischen Hauptstadt wurde noch dadurch unterstrichen, dass am Fest des heiligen Georg mit großer Wahrscheinlichkeit – wie in anderen kretischen Georgskirchen auch – der griechische König gefeiert wurde. Der Nachfolger des mittlerweile vertriebenen Königs Otto trug ja genau den passenden Namen: Georgios.

Bleibt noch ein Detail. Hoch über den anderen Ikonen auf der „kretischen" Seite ist die Szene dargestellt, in der Gott dem Moses auf dem Berg Sinai die Gesetzestafeln überreicht. Moses über der Auferstehung? Das ist ungewöhnlich. Wie kommt er hier ins Bild? Denise Alevizou weiß auch auf diese Frage eine Antwort. Einerseits wurde die Situation Kretas natürlich auch mit dem biblischen Auszug der Israeliten aus Ägypten verglichen – nur dass in diesem Fall sozusagen die ägyptischen Unterdrücker, nicht die unterdrückten Israeliten „ausziehen" sollten. Andererseits aber sei Moses in diesem Zusammenhang auch ein Symbol des Selbstbewusstseins der Kreter, sagt Alevizou. Denn Moses steht für Minos, der – wie man in Kreta gerne erwähnt – Europas erster Gesetzgeber war. Die Botschaft ist deutlich: Das Volk der Nachkommen des weisen Minos hat, denkt man an den kretischen Ursprung Europas, Freiheit und Unabhängigkeit umso mehr verdient. Gelegentliche Versuche nachzuweisen, dass der heilige Titus ein direkter Nachfahre von König Minos gewesen sei, blieben zwar allesamt erfolglos, zeugen aber von der Strahlkraft des mythischen Königs bis in jüngste christliche Zeit.

Das Bildkonzept der beiden Ikonostasen, die für den heutigen Besucher eher unaufdringlich, unaufgeregt – um nicht zu sagen: langweilig – wirken, hatte in der Zeit seiner Entstehung eine klare Aussage, die den Menschen nicht entgangen sein kann: Kreta wünschte sich sehnlichst die Unabhängigkeit von den Osmanen und die Vereinigung mit Griechenland, und zwar zu einer Zeit, in der die Eroberung Konstantinopels als Idee und Vorstellung konkrete Züge annahm. Allerdings lag in der Vereinigung mit Griechenland für Kreta auch ein Dilemma. Die griechische Kirche war auf Betreiben des Königs Otto autokephal geworden; sie war also eigenständig und vom Ökumenischen Patriarchat unabhängig. Sich der Leitung der orthodoxen Kirche in Athen zu unterstellen hätte also eine Abkehr von Konstantinopel mit sich gebracht. Als es zur lang erträumten Vereinigung kam, schloss sich Kreta daher nicht der griechisch-orthodoxen Kirche von Griechenland an. Die Kirche der Insel ist heute teilautonom. Sie untersteht weiterhin dem Ökumenischen Patriarchat, hat aber eine eigene Synode. Da auch die griechisch-orthodoxen Diözesen Österreichs – wie auch Ungarns, Deutschlands oder Frankreichs – kirchenrechtlich zu Konstantinopel gehören, ist ein kretischer Metropolit in Österreich eher die Regel als die Ausnahme.

Die „Große Idee" wurde bald zur „kleinasiatischen Katastrophe". Jede Ambition, die von Griechen bewohnten Gebiete Kleinasiens mit der „Polis" einzunehmen, scheiterte dramatisch an der Realität der Schlachtfelder. Der Traum vom großen Griechenland, mit Konstantinopel als Hauptstadt, wird er heute noch geträumt? Denise Alevizou antwortet ohne auch nur das leiseste Zögern: „Das ist eine tote Idee." Abt Bartholomaios, mit dem ich wenig später das Thema bespreche, bestätigt das. „Niemand würde dafür noch einmal einen Krieg wagen", sagt er. Aber er erwähnt dann doch aktuelle Prophezeiungen vom Berg Athos. Sie würden vorhersagen, „die Stadt könnte uns eines Tages wieder angeboten werden". Dafür allerdings müsste Agios Georgios ein gewaltiges Wunder tun.

Ökumene der Freundschaft

Nicht selten höre ich in Athen oder Thessaloniki, aber auch auf Kreta, Vorwürfe gegen die orthodoxe Kirche des Landes. Sie sei zu nahe der politischen Macht, heißt es. Viele sind auch schnell zur Hand mit Geschichten über korrupte Priester. Auf solche Vorwürfe antwortet Vater Makarios sehr schlicht. Er wolle nicht beurteilen, wie berechtigt oder unberechtigt eine solche Kritik sei. Doch: „Wer das Gute in der Kirche sucht, wird es finden."

Auch wer gegenüber der gegenwärtigen Kirche skeptisch ist, anerkennt zumeist, was ein Gast aus Zypern – der Metropolit kennt ihn von seiner

Zeit in Paris – so ausdrückt: „Es gibt eine historische Dankschuld gegenüber der Kirche." Auch nur oberflächliches Blättern in den Geschichtsbüchern legt nahe, ihm Recht zu geben. So hat die Kirche auf Kreta viel zur Bildung beigetragen – und damit zum Erhalt der griechischen Sprache, ohne die die Errichtung eines griechischen Nationalstaates sehr schwierig gewesen wäre. Der hohe Blutzoll von Klerikern zeigt, wie sehr die Kirche auf der Seite der Menschen stand.
Vor dem Hintergrund der schwierigen Geschichte zwischen Ost und West, zwischen Orthodoxen und Katholiken, nehme ich es schmunzelnd zur Kenntnis, wenn Vater Dorotheos sagt: „Katholiken und Protestanten, das sind doch nur ‚kleine Christen'." Oder wenn er sich den Anschein gibt, als würde er gnädig darüber hinwegsehen, dass ich ein „Päpstlicher" bin.

Metropolit Arsenios äußert Verständnis für manche ökumenische Zögerlichkeit, die er unter seinesgleichen auf der Insel vorfindet. „Man wird hier groß mit der Idee, dass die orthodoxe Kirche allein die Wahrheit hat. Und dass sie allein gerettet wird." Er selbst habe erst im Ausland Freundinnen und Freunde aus anderen Konfessionen gewonnen und daraus wesentliche Impulse für seine ökumenische Arbeit erhalten: „Dann will man im Paradies nicht allein sein und freut sich, wenn die Freunde auch mitkommen." Kardamakis' Ökumene-Verständnis stützt sich nicht nur auf den offiziellen Kirchendialog und seine Protokolle, sondern vor allem auf grenzüberschreitende Begegnung. Eine Ökumene der Freundschaft also. Nur so werde es möglich, sagt er, nicht bei einer distanzierten Toleranz stehen zu bleiben, sondern einander wirklich kennenzulernen und zu respektieren.
Etwas von dieser Ökumene-tauglichen Freundschaft spüre ich in den Stunden und Tagen, die ich im Kloster verbringen darf. Die Mönche kommen mir mit großer Offenheit entgegen. Weder dass ich katholisch noch dass ich Journalist bin, bildet ein Hindernis für rasch entstehende Freundschaft.
„Wenn mir ein Katholik gegenübersitzt, habe ich nicht das Gefühl, es mit einem Gegner zu tun zu haben", sagt Vater Makarios. Der Abt redet in höchsten Tönen von Papst Johannes Paul II., den er schon deshalb für einen Heiligen hält, weil er sich der orthodoxen Kirche gegenüber sehr geöffnet habe. Sein Diktum, Europa müsse mit beiden Lungenflügeln atmen, ist Vater Igoumenos in bester Erinnerung. Aber je länger wir reden, desto deutlicher wird, dass die ökumenische Offenheit der Mönche vor allem der katholischen Kirche gilt. Das Verhältnis zu den Kirchen der Reformation scheint merklich kühler.

Metropolit Arsenios erläutert mir, woran das liegt. Die katholische Kirche sei der Tradition mehr verbunden als die Protestanten, sagt er. Mit der Ordination von Frauen könne man in seiner Kirche gar nichts anfangen. Nicht ganz unerwartet kommt er auch auf das Thema Homosexualität zu sprechen. Ganz im Einklang mit seiner Kirche bezeichnet er homosexuelle Praxis als „Sünde" – auch wenn er hinzufügt, die Kirche würde nur die Sünde hassen, nicht den Sünder. Der liberale Umgang evangelischer Kirchen mit der Homosexualität sei in der orthodoxen Kirche nicht nachvollziehbar.

„Aber was sagen Sie einem Mann oder einer Frau, die Gläubige Ihrer Kirche sind und Ihnen mitteilen, dass sie in einer homosexuellen Beziehung leben?", frage ich – und bin erleichtert, in seiner Antwort nicht nur die Strenge konservativer Theologie, sondern auch pastorale Sorge und kretische Freiheitsliebe wiederzuentdecken. „Als Mensch werde ich ihnen mit Achtung und Freundschaft begegnen. Als Bischof werde ich ihnen sagen, was die Kirche sagt: eben dass homosexuelle Praxis Sünde ist. Aber dann ist jeder und jede frei, zu entscheiden, wie sie leben möchten." Niemand könne von ihm erwarten, etwas zu sagen, was nicht im Einklang mit der Kirche und der Lehre des Evangeliums stehe, sagt der Metropolit. Aber er fügt hinzu: „Wir lassen sie nicht allein." Auch die nicht, die sich gegen die Empfehlungen der Kirche entscheiden. Denn: „Alle sind Kinder Gottes."

Nun ist es freilich keineswegs so, dass die orthodoxe Kirche in allen Fragen die konservativsten Positionen besetzen würde. Vater Makarios stößt sich an manchen starren Rechtsnormen der römischen Kirche, auch in seinem Fachgebiet, der Bioethik. „Wir beachten viel stärker den Einzelfall", sagt er.

Bei einer Autofahrt nach Iraklio ist wieder die Ökumene unser Thema. „Drei Dinge in der römisch-katholischen Kirche verstehe ich nicht", sagt Vater Makarios. „Erstens: Warum lässt die katholische Kirche keine Scheidung und keine Wiederverheiratung zu?" Bis zu drei Eheschließungen sind in der orthodoxen Kirche erlaubt. Woher diese liberale Einstellung kommt, frage ich. „So viele Menschen lassen sich scheiden", sagt Vater Makarios. „Es ist heutzutage sehr schwierig, die eine und einzige Ehe ein ganzes Leben lang durchzuhalten. Das liegt nicht nur an den Menschen, es liegt am modernen Leben, das hohe Flexibilität verlangt. Warum sollte Gott nicht auch eine zweite oder dritte Ehe segnen?"

„Zweitens: Warum dürfen keine verheirateten Männer Priester werden?"

In der orthodoxen Kirche dürfen zwar auch keine geweihten Männer heiraten, aber Verheiratete können Priester werden. Das heißt in der Praxis, dass die Eheschließung vor der Priesterweihe stattfinden muss. Ich möchte wissen, ob ein geschiedener Priester ehelos leben muss oder ob auch ihm eine zweite Ehe gewährt wird. „Das ist ein sehr schwieriges Thema", meint Vater Makarios. „Nein, eine zweite Ehe für Priester ist nicht vorgesehen." Ob sich ein betroffener Priester dann nicht auf eine geheime Liebesbeziehung einlassen würde? Vater Makarios lächelt. „Das ist nicht so einfach. Wir tragen immer unser Priestergewand. Und selbst wenn wir es ablegen, erkennt man uns an unseren Bärten. Es wäre also für eine Frau gar nicht so einfach, sich einem Priester zu nähern."
Und der dritte Punkt? „Warum wird die Kommunion nur in Gestalt des Brotes gespendet?" Wenigstens an dieser Stelle kann ich berichten, dass in vielen katholischen Gemeinden die Kommunion in beiderlei Gestalten längst dazugehört. Ansonsten fällt auf: Die Punkte, die Vater Makarios nennt, stehen auf der Liste katholischer Reformer ganz oben.

Der, der nach oben schaut

Es ist eine Insel voller Erinnerungen. Auf Schritt und Tritt ist die Geschichte, die zu einem beachtlichen Teil Kirchengeschichte ist, präsent.
In dem Kazantzakis-Roman „Griechische Passion" kommt es zu einem berühmten Dialog zwischen dem Priester Fotis und dem Schafhirten Manolios, der immer mehr in seine Passionsspiel-Rolle des Jesus hineinwächst.
„Wie sollen wir Gott lieben?", fragt er den Priester.
„Indem wir die Menschen lieben."
„Wie sollen wir die Menschen lieben?"
„Indem wir sie auf den rechten Weg führen."
„Welches ist der rechte Weg?"
„Der Weg empor."
Das Zitat ist von drückender Aktualität. Dabei muss man es gar nicht religiös verstehen. Natürlich müsste erst diskutiert werden, was „empor" im Einzelnen bedeutet und wer für sich den Anspruch erheben könnte, die Menschen „auf den rechten Weg zu führen". Aber die beunruhigende Frage bleibt: Befinden wir uns auf einem „Weg empor"? Führen wir einander nach oben? In der Politik, in den Bildungsinstitutionen, im Journalismus: Ist er das, der „Weg empor"? Stehen dem nicht Populismus, Machthunger und Geldvermehrungs-Interessen radikal entgegen?

Sein ganzes Leben lang, schreibt Nikos Kazantzakis in seiner „Rechenschaft vor El Greco“, sei er sicher gewesen, dass nur ein Weg zu Gott führt: der Anstieg. „Niemals der Abstieg und niemals der Weg in der Ebene, nur der Anstieg.“
Für den Mönch ist es natürlich keine Frage, was dieses „empor“ bedeutet: Gott und nur Gott. Metropolit Arsenios kennt und liebt das Kazantzakis-Zitat. Er untermauert es mit einem Hinweis auf die Bedeutung des griechischen Wortes für „Mensch“. „Was heißt *anthropos*?“, fragt er, und gibt selbst die Antwort: „Der, der nach oben schaut.“ Das ist zwar nicht die einzige und laut Wissenschaft auch nicht die wahrscheinlichste Etymologie des Wortes – aber zweifellos die schönste.

Panigiri, Kirchweihfest in einem Kloster der Stadt Iraklio. Die Liturgie dauert Stunden. Draußen vor der Kirche drängen sich die Menschen im wahrlich nicht üppigen Schattenangebot. Ein Zikadenchor singt mit aller Kraft an gegen die Gesänge, die aus der Kirche tönen. Hinterher trifft man sich im ersten Stock zu einem Festmahl. Mönche und Priester sitzen an einem großen Tisch, Frauen und Kinder, Familienmitglieder und Gäste an einem anderen. Kretische Speisen und kretischer Wein schmecken hervorragend. Es wird viel gelacht. Die Väter zeigen sich von der fröhlichen Seite. In Wien würde man sagen: Es rennt der Schmäh.
Die ersten Teller sind schon geleert, als ein Priester mit seinem vielleicht achtjährigen Sohn dazustößt. Sofort wird den beiden Platz gemacht. Sie sitzen noch gar nicht richtig, da stehen schon Teller mit Ziegenfleisch und Kartoffeln vor ihnen. Der junge Bursch wirkt ein wenig eingeschüchtert von der großen Runde schwarz gekleideter Männer. Das Essen schmeckt ihm trotzdem.
Metropolit Arsenios hat die Szene beobachtet. Lächelnd wendet er sich zu mir. „Sehen Sie“, sagt er, „das ist ein Kloster auf Kreta: ein Zuhause für alle.“

Kapitel 8

AUF LEBEN UND TOD

Die Krise schreitet voran

„Um die Sterne zu sehen, musst du das Haupt erheben.“
„Ich fürchte nichts. Ich erhoffe nichts. Ich bin arbeitslos.“
Protesttafeln in Gergeri

Die letzten Kilometer bevor man, aus Iraklio kommend, in Epanosifi eintrifft, führen zwischen erdfarbenen Hügeln hindurch. Die Szenerie erinnert in ihrer Wasserarmut an eine Mondlandschaft. Eine Rechtskurve noch, dann wandelt sich das Bild: Felder und Olivenhaine, fruchtbares Land. Epanosifi schimmert schon durch die Bäume, da taucht auf der linken Seite ein kleiner Klosterfriedhof auf. Er ist noch nicht alt, nur wenige Mönche sind dort begraben.
Metropolit Arsenios mag diesen Gottesacker nicht besonders. „Er hat wenig Ausstrahlung“, sagt er. Der Friedhof seines Heimatdorfes Gergeri ist anders. An den steilen Hang gelehnt wie das Dorf selbst und wie auch das Kloster, bringt diese Begräbnisstätte die Kraft des Berges mit der Weite des Himmels in Kontakt. Dieser Friedhof ist für Kardamakis ein Ort, an dem er „der Ewigkeit begegnet“. Wir sind vom unteren Eingang, am Memorial für die Opfer einer Massenexekution durch Wehrmachtstruppen vorbei, die steile Straße nach oben gegangen, zu einer kleinen byzantinischen Friedhofskapelle, die im Inneren deutliche Spuren der Verwüstung trägt. Merkwürdigerweise sind die Zerstörer, vermutlich waren es Osmanen, hier wie auch in anderen Kirchen vor allem auf die Augen der Heiligen losgegangen, die auf Wandfresken dargestellt sind. Feuer zu legen und eine verrußte und angesengte Kirche zu hinterlassen ist das eine, gezielt Augen herauszukratzen und herauszuschlagen das andere. Als wollten sie die Bilder am Schauen hindern.
Auf dem Weg nach unten sind wir schweigsam. Bis der Metropolit sagt: „Ich könnte mir gut vorstellen, hier begraben zu sein.“
Wahrscheinlich sei das allerdings nicht, schränkt er später im Gespräch ein. Kardamakis’ Vorgänger, Metropolit Michail Staikos, starb im Sommer 2011 und wurde auf dem Wiener Zentralfriedhof beerdigt. Damit rechnet Metropolit Arsenios auch für sich selbst. Als noch junger Bischof könnte er unter Umständen eines Tages auch zum Patriarchen von Konstantinopel gewählt werden – vorausgesetzt, er erhält die türkische Staatsbürgerschaft. Aber er hat schon das Bischofsamt nicht angestrebt, wie sollte er da Patriarch werden wollen? Arsenios Kardamakis hat sich Österreich zur neuen Heimat gemacht. Er hat vor, hier zu bleiben. Bis zum Ende.

Für einen Mann in den Vierzigern spricht der Metropolit ungewöhnlich häufig und unbefangen vom Tod. Das hat natürlich mit seiner mönchischen Prägung zu tun. „Wir wissen nicht mehr vom Leben, aber wir wissen mehr vom Tod“, hat Vater Makarios erklärt. Für seinen Freund und Mitbruder, den Metropoliten aus Österreich, stellt sich die Sache ganz ähnlich dar.

Die Mönche sind angehalten, täglich an ihre Endlichkeit zu denken: *Mnimi thanatou*, das Sicheinüben in den Tod. Kein Schatten legt sich Metropolit Arsenios aufs Gemüt, wenn er mit klaren und offenen Worten über das Sterben redet. „Das Leben ist nicht ewig, die Ewigkeit ist anderswo“, sagt er. Daher sei es hilfreich, an den Tod zu denken, wenn man ein besserer Mensch werden wolle. In diesen täglichen Meditationen über die Endlichkeit geht es auch um die eigene irdische Unvollkommenheit: „Man denkt an die eigenen Verfehlungen. Man denkt daran, wie oft man sein Ziel verloren hat. Man fühlt sich klein vor Gott und sagt: ‚Ich bin untreu. Du bist groß und gnädig. Komm, geh mit mir den Weg.‘“

In der Tradition der Kirchenväter, erzählt der Bischof, gebe es unterschiedliche Empfehlungen, wie man gegen ein Vergessen und Verdrängen des Todes ankämpfen solle. Manche der Väter besuchten jeden Tag den Friedhof, manche nahmen sich Totenköpfe in die Zelle mit. Für heute praktikabel hält der Bischof die Methode, Texte aus der Begräbnisliturgie für sich zu beten, um sich der Unausweichlichkeit des Sterbens jederzeit bewusst zu sein.

„Es wirkt wie eine Psychotherapie“, schildert Kardamakis. Eine Psychotherapie, die auch gegen den verbreiteten Irrglauben hilft, man könne die Welt beherrschen. „Aber die Welt ist nicht zu beherrschen, wir können sie nur genießen und bewahren.“

„Der Tod ist sicher“, sagt Metropolit Arsenios. Sein Lächeln kommt aus der Gewissheit, dass das dennoch nicht das Allerletzte ist, was zu sagen wäre. Er ist „eine Passage, ein Übergang von hier nach dort, vom Leben zum wahren Leben, vom Traurigsten zum Freudigsten“. Wirklich traurig sei es für ihn, sagt der Bischof, wenn er bei einem Begräbnis feststellen müsse, dass die Hinterbliebenen keinerlei eschatologische Perspektive haben, also keine Hoffnung auf Auferstehung. „Die Wahrheit von der unsterblichen Seele ist weitgehend verloren gegangen“, bedauert der Mönch und Bischof, „aber der Mensch ist doch nicht einfach eine Ware mit Ablaufdatum.“

Die Todesvergessenheit, die der Metropolit konstatiert, führt direkt zu dem Thema, das beharrlich ganz oben auf der Sorgenliste steht: die europäische Finanzkrise, die in Griechenland – massiv verschärft durch die von der „Troika“ auferlegten drastischen Sparmaßnahmen – besonders hart zugeschlagen hat. An der Wurzel dieser Ereignisse liegt für den Bischof ein Versagen europäischer Kultur: Man lebe nur mehr für Geld. „Man vergisst die Zeit, man vergisst die Ewigkeit.“ In diesem Gefüge, in dem der Profit alles geworden sei, lebe der Mensch nicht mehr, er „funktioniere“ bloß. Und werde anstandslos ersetzt, wenn er eben nicht mehr funktioniere.

Krise und kein Ende

Seit ich in meinem ersten Griechenland-Buch „Durch die Krise kommt keiner allein“ versucht habe, die dramatischen Auswirkungen dieser Finanznot auf das Leben zu beschreiben, hat sich die Lage für viele Menschen in Griechenland noch verschärft anstatt verbessert. Um mehr als 25 Prozent ist die griechische Wirtschaftsleistung seit Beginn der Krise eingebrochen. Eine solche Rezession erlebt man sonst nur in Kriegszeiten. Die Arbeitslosenstatistiken sind weiterhin alarmierend hoch. Savas Rompolis, der Direktor des Athener „Instituts für Arbeit“, hat folgende Berechnung angestellt: Selbst wenn die griechische Wirtschaft in nächster Zeit mit 3,5 Prozent wüchse – was angesichts der insgesamt schwächelnden Eurozone so gut wie ausgeschlossen ist –, würde es zwanzig Jahre dauern, bis die Arbeitslosenzahlen wieder auf Vorkrisenniveau gesunken wären.

Auch wer Arbeit hat, spürt die Auswirkungen der Krise. Löhne und Gehälter sind stark gesunken und stehen im zynischen Kontrast zu der massiv gestiegenen Steuerbelastung.

Nach dem Verlust von Arbeit und Einkommen haben ganze Familien keinen Zugang mehr zum öffentlichen Gesundheitssystem. Etwa dreißig Prozent der Griechinnen und Griechen sind davon betroffen. Sie werden im Krankheitsfall von „Sozialkliniken“ notdürftig versorgt. Aber die ehrenamtlich ordinierenden Ärztinnen und Ärzte mit den vielen Freiwilligen, die in diesen Sozialkliniken Dienst tun, können nicht verhindern, dass immer wieder Menschen an der Krise sterben.

In Thessaloniki wurde von einem an Epilepsie erkrankten zwölfjährigen Mädchen berichtet, das an einem Grand-Mal-Anfall starb, weil sich seine arbeitslosen Eltern die notwendigen Medikamente nicht mehr leisten konnten. In Chania auf Kreta wurde einer älteren Frau, die ihre Elektrizitätsrechnung nicht mehr bezahlen konnte, der Strom abgedreht. Sie starb, denn sie war behindert und zum Überleben auf drei elektrische Geräte angewiesen. Einzelne Fälle wie diese werden in den Medien breit diskutiert. Doch der Normalfall ist: Die Krise tötet im Verborgenen. „Die Lebenserwartung sinkt, die Sterblichkeit steigt“, bringt es eine Ärztin auf den Punkt. Die Sozialkliniken tun alles, was in ihrer Macht steht, um den nichtversicherten Kranken zu helfen. Aber es steht nicht alles in ihrer Macht, was getan werden müsste. Sie sind Ambulanzen, keine Krankenhäuser. Bei schwerwiegenden Diagnosen, die Operationen, Chemotherapie oder sonstige teure Behandlungen nötig machen, sind sie überfordert. Man versucht alles, um Betroffene irgendwie dennoch im staatlichen Gesundheitssystem unterzubringen. Aber das gelingt nicht immer. Private, ehrenamtliche Initiative kann den Staat nicht vollständig ersetzen.

Überall in Griechenland sind Initiativen solidarischer Hilfe entstanden. Solidaritätsgruppen organisieren Ausspeisungen und Bauernmärkte ohne Zwischenhändler, sie stellen sich gemeinsam mit Betroffenen sozusagen als Bettler vor Supermärkte und versuchen auf jede erdenkliche Weise, denen beizustehen, die durch die Krise unter die Räder kommen. In den Pfarrgemeinden werden täglich Tausende warme Mahlzeiten gekocht. Es sind erschreckend viele Familien und Alleinstehende, die ohne diese Unterstützung nicht überleben könnten – und dabei so gut wie keine Aussicht auf eine Verbesserung der Lage haben.

Auf Kreta, das für seine vielen Sonnentage und für seinen Optimismus bekannt ist, antworten fast alle, die ich auf die Situation anspreche, zunächst positiv und scheinbar unbeschwert. Es sei hier nicht so schlimm wie auf dem Festland. Die Insel sei fruchtbar; man könne hier auch mit wenig Geld auskommen und vom eigenen Garten leben. Die Sorgen, die die schwierige Lage auch auf der Sonneninsel auslöst, treten meist erst auf Nachfrage zutage.

Grigoris ist ein fröhlicher, kontaktfreudiger Mensch. Sein Deutsch, das er während einiger Deutschland-Jahre als Koch erlernt hat, ist nicht perfekt, aber er hat sichtbar Freude, es anzuwenden. Grigoris verkörpert alles, was man den Kretern an Erfreulichem nachsagt: Gastfreundschaft, Lebensfreude, Humor. Er arbeitet als Chauffeur bei einer Betreuungseinrichtung für Senioren, die von der Gemeinde Gergeri betrieben wird. Am Morgen holt er die alten Leute ab und fährt sie am Nachmittag wieder nach Hause. Zudem bringt er sein Können als Koch ein, wenn es darum geht, den betreuten Personen auch ein gutes Mittagessen anzubieten. Für den Transport der Klienten stellt er sein eigenes Auto zur Verfügung und streckt selbstverständlich auch die Benzinkosten vor. Der Job macht ihm Freude, und Grigoris' humorvolle Art kommt bei den Menschen gut an. Nur: Seit sage und schreibe vierzehn Monaten hat ihm die Gemeinde kein Gehalt mehr ausgezahlt. Fragt er danach, wird er auf einen unbestimmten Zeitpunkt vertröstet. Bringt er vor, dass er doch seine Steuern pünktlich zahlen müsse und auch Ausgaben zu bestreiten habe, hört er nur: „Wir verstehen dich ja, aber wir haben im Moment einfach kein Geld."

Was daraus folgt, ist nachvollziehbar: Grigoris hört sich bei Freunden in Deutschland um, ob es dort für ihn Arbeit gibt, die ihm und seiner Gattin Sofia ein sorgenfreies Dasein ermöglichen würde. Dass er Wein und Raki produziert, dass er mit seiner Frau viel Gemüse im eigenen Garten erntet, ist keine ausreichende wirtschaftliche Basis für das Paar – auch wenn die Kinder schon aus dem Haus sind.

Zu viele erleiden Schiffbruch

Eine Französischlehrerin in Iraklio schildert mir ihren mühsam gewordenen Alltag. Sie müsse nun in acht verschiedenen Schulen unterrichten, um auf ihre volle Stundenverpflichtung zu kommen, sagt sie. Die Lehrergehälter sind wie diejenigen vieler Berufssparten stark gesunken; trotzdem unterrichten die Pädagogen jetzt länger als zuvor. Die Motivation ist damit natürlich im Keller. Das größte Problem, sagt sie, liege aber bei den Schülerinnen und Schülern. Ein Großteil von ihnen sei von der schwierigen Situation ihrer Familien dermaßen belastet, dass sie kaum noch Konzentration für den Unterricht aufbringen können. Viele erleben außerdem am Beispiel ihrer Geschwister, dass es ziemlich einerlei ist, ob man ein guter Schüler ist oder nicht. Die Wahrscheinlichkeit, nach absolvierter Ausbildung in die Arbeitslosigkeit zu rutschen, ist in jedem Fall hoch. Um unterrichten zu können, kaufen Lehrerkomitees in den Schulen der ärmeren Viertel zunächst einmal Essen für die Kinder. „Damit überhaupt an Arbeit in der Schule zu denken ist", sagt die Pädagogin, die nach einem Burn-out gerade ihre Tätigkeit wieder aufgenommen hat.

In Therissos, einem außerhalb der alten Stadtmauer gelegenen Viertel von Iraklio, treffe ich einen alten Bekannten. Vater Michalis ist dort der zuständige Pfarrer. Von Anfang an hat er genau beobachtet, wie die Probleme der Menschen durch die Krise wuchsen. Auch er selbst gehört zu den Betroffenen, denn das Gehalt der Priester, die in Griechenland vom

Staat bezahlt werden, ist ebenso drastisch zurückgegangen – so sehr, dass er seine drei Kinder aus eigener Kraft kaum mehr ernähren kann. Als er nach der Schule zu studieren begann, erzählt er, habe ihm sein Vater Unterstützung angeboten. Er habe aber stolz abgelehnt. „Ich werde arbeiten und mir mein Geld selbst verdienen." Jetzt ist Michalis gut vierzig und muss seinen Vater um Unterstützung bitten, um seine Familie über die Runden zu bringen.

Der Priester kennt sein Stadtviertel wie seine Westentasche. Wir gehen kurz in die Pfarrkirche. Sie ist mit einer Alarmanlage gesichert. Im Vorraum mussten kürzlich Überwachungskameras installiert werden, weil sich Einbrüche häuften. Vor allem Jugendliche – unter ihnen viele Drogenabhängige – versuchten immer wieder, die Münzen zu stehlen, die die Gläubigen für Kerzen in die Box werfen, erzählt Vater Michalis.

Im Kaffeehaus sind die Getränke billig geworden. „Sonst würden sie gar nichts mehr verkaufen", sagt Vater Michalis. Wir haben darüber hinaus Glück, denn ein pensionierter Bankdirektor hat den Priester entdeckt und sich sofort bereit erklärt, unsere Rechnung zu übernehmen. Es hat Vorteile, der Pfarrer zu sein.

Vater Michalis kommt gut aus mit den Leuten in seinem Viertel. Er kennt sie, und sie kennen ihn. Darum erfährt er auch die Geschichten, die er mir beim Kaffee weitererzählt. Zum Beispiel von einem Bekannten, der auf dem Flughafen bei den Sicherheitskontrollen arbeitet. Vor der Krise brachte das einen Verdienst von etwa 1300 Euro; mit Nachtschichten und Wochenenddiensten konnte der Mann mit etwa 1600 Euro pro Monat rechnen. Als das Land in die Krise rutschte, reagierte der Arbeitgeber rasch. Das Gehalt wurde auf 800 Euro reduziert, und zwar inklusive aller Zusatzdienste und Überstunden. Eine Halbierung. Hart genug, sich an die neuen Gegebenheiten zu gewöhnen und konsequent auf das viele, das man sich nun nicht mehr leisten konnte, zu verzichten. Aber dann, Anfang September 2014, erhielt der Mann einen Lohnzettel, auf dem eine neue Zahl stand: Sein Verdienst war stillschweigend auf 480 Euro pro Monat gekürzt worden. Natürlich ging er zum Chef. Dort musste er sich anhören, was so viele zu hören bekommen: „Wenn Sie Ihren Job nicht behalten möchten, ist das kein Problem. Wir haben viele, die ihn liebend gerne übernehmen würden."

Wie sehr die Menschen damit beschäftigt sind, wenigstens das Schlimmste zu verhindern, zeigt eine andere, sehr traurige Geschichte, die Vater Michalis von einem Polizisten seines Stadtteils erfahren hat. Eine Funkstreife wurde zu einem Supermarkt gerufen, um eine Diebin festzunehmen. Ein Detektiv hatte die Frau auf frischer Tat ertappt. Die Polizisten trauten ihren Augen nicht, als sie das Diebesgut sahen. Es handelte sich nicht um Spirituosen oder Kosmetika, sondern um Milch für die Kinder der jungen Mutter. Die Polizisten versuchten den Filialleiter von einer Anzeige abzubringen, nicht zuletzt mit dem Hinweis darauf, dass ihn die Formalitäten 120 Euro kosten würden, also ein Vielfaches der Schadenssumme. Doch der Mann ließ sich nicht umstimmen. Also setzten die Polizisten die Frau vor den Augen zahlreicher Schaulustiger ins Auto und fuhren mit ihr zur Polizeistation. Dort allerdings nahmen sie nicht ihre Personalien auf und schrieben auch keine Anzeige, sondern sie veranstalteten spontan eine kleine Sammlung unter Kolleginnen und Kollegen, händigten der Frau das Geld aus und schärften ihr ein, nicht mehr im Supermarkt zu stehlen. Sie solle sich an die Kirche wenden, wenn sie dringend Lebensmittel brauche. Oder notfalls auch wieder zu ihnen kommen, irgendwie würde man ihr schon weiterhelfen.

Dass der Filialleiter im Supermarkt durchaus Gründe für seine harte Reaktion hatte, wird deutlich aus dem, was mir ein Familienvater erzählt. Er lebt mit seiner Familie in Iraklio und ist Staplerfahrer in einem Supermarkt. Seine Angst, den Job zu verlieren, ist zuletzt stark gewachsen, denn der Supermarkt kämpft mit einem Umsatzrückgang von bis zu fünfzig Prozent. In Iraklio wissen alle, welche Märkte in der Umgebung schon zusperren mussten, welchen dasselbe Schicksal droht und welche am ehesten noch überleben werden.

„So kann es nicht weitergehen“, sagt Vater Michalis. „Irgendwann müssen und werden die Menschen anfangen, gemeinsam für ihre Rechte zu kämpfen.“ Dabei ist für den Priester durchaus auch ein revolutionärer Umsturz vorstellbar. Dieses Szenario wäre für ihn weniger Angst auslösend als ein jahrelanges langsames Abdriften in ständig wachsende Armut. Die Kreter sind kampferprobt, sie haben ihre Freiheit mit Waffen errungen und verteidigt. Doch dieser Kampf ist anders. Wie kämpft man, wenn man sich nicht von einem Besatzer befreien will, sondern von Schulden und einem gewaltigen ökonomischen Desaster?

Im Juli 2014 lerne ich Fany kennen, eine Topjournalistin, bestens informiert, schnell bei der Arbeit, mit einem dichten Netz von Kontakten. Sie arbeitet bei einem privaten Radiosender in Iraklio und berichtet Abend für Abend zusätzlich live nach Thessaloniki, wo Journalistinnen und Journalisten im eigentlich geschlossenen staatlichen Sender ERT nach wie vor Programm machen, ehrenamtlich und unbezahlt. Fany hat einen

vollen Terminkalender und wenig Freizeit, aber man spürt: Sie liebt ihren Beruf und geht in ihm auf.
Als wir uns im September wieder treffen, ist alles anders. Fany hat alle Zeit der Welt, sogar für ein Abendessen. Der Grund: Auch sie ist jetzt arbeitslos. Ihre Radiostation beschäftigt keine Journalisten mehr. Ernüchtert sagt sie mit Blick auf die Krise: „Es sind einfach zu viele Menschen, die in ihrem Leben Schiffbruch erleiden. Das kann nicht gut gehen.“ Sie sieht einen einzigen Grund, warum es noch nicht zu großen Aufständen gekommen ist: den Zusammenhalt der Familien. Eltern unterstützen ihre Kinder so gut es geht mit ihrem Ersparten – wobei unter den „Kindern“ auch Fünfzig- und Sechzigjährige sind. Das federt die harten Folgen der Krise ab. Noch.

Die rigorosen Sparmaßnahmen von heute machen frühere wirtschaftspolitische Fehler nicht wieder gut; sie erzeugen vielmehr neue und noch viel gewaltigere Probleme und vergrößern die ungerechte Kluft zwischen Armen und Reichen massiv. In diesem Teufelskreis ist es trotz aller Beschwichtigungsversuche der Regierung, die die Laune mit Erfolgsmeldungen heben möchte, sehr schwer, eine Perspektive zu entwickeln. Wo ist er, der „Weg empor“?

Es fehlt an Herz

„Diese Krise hat viele Gründe“, sagt Vater Makarios nachdenklich und schaut auf seine Bücherwand. „Ich bin ganz sicher, dass sie in einer spirituellen Krise wurzelt, die schon lange vor der Finanzkrise da war.“ Zu viele Menschen, so Vater Makarios, hätten vom „wirklichen Leben“ Abstand genommen und stattdessen ein „Plastikleben“ gelebt. Mit Wohlstand aus geborgtem Geld und immer neuen Krediten. Die Finanzkrise von heute ist aus seiner Sicht eine direkte Folge dieser spirituellen Krise. Was Vater Makarios außerdem beobachtet, ist eine tiefe Depression vieler Menschen. Selbst den Kindern in der Schule könne man schon anmerken, dass sie nicht glücklich sind. Daraus schließt er, dass es weniger einen Mangel an Geld gebe als einen Mangel an Sinn. „Wir müssen den Menschen einen Sinn im Leben geben. Wir müssen unser Leben öffnen für Inspiration, wir müssen es mit Träumen bereichern.“
Aber, wende ich ein, verschleiert diese Rede von der spirituellen Krise nicht eine sehr konkrete Ungerechtigkeit, die durch Krise und Sparzwang noch vergrößert wird?

Vater Makarios leitet das Pressebüro der Erzdiözese Iraklio. Er kennt den Einsatz seiner Kirche für die vielen, die durch die Krise in die Armut gestoßen wurden. Er weiß um das Engagement in den einzelnen Pfarren, die täglich Essen ausgeben für die, die keinerlei Einkünfte mehr haben. Und es ist ihm sehr klar, dass nicht alles so sein müsste, wie es ist. „Es gibt ja genug Geld auf der Welt", sagt er. „Aber wo ist es? Wer besitzt es? Die sieben reichsten Menschen der Welt könnten mit dem, was sie in einem einzigen Monat einnehmen, die weltweiten Probleme der Gesundheitsversorgung lösen", vermutet Makarios. Und wiederum: „Das Problem ist nicht der Mangel an Geld, es ist der Mangel an Herz. Wer ein Herz hat, sieht das Leid der anderen. Wer ein Herz hat, kann geben." Aber aus seiner Beobachtung seien auch die Reichen nicht glücklich. Viele könnten in der Nacht nicht schlafen. Denn auch vielen von ihnen fehle ein Sinn im Leben. Sie hätten, nach dem Wort der Bibel, kein Herz aus Fleisch, sondern aus Stein. „Wir brauchen aber Menschen, die ein Herz voll Liebe haben."

Was dieser Lebenssinn sein kann, darüber gibt es für Vater Makarios keinen Zweifel: Christus. Ihn und das Evangelium ins Herz zu lassen, das gebe dem Dasein Sinn. Es ist seine tiefe Überzeugung, dass im Leben vieler Menschen vor allem dieser Bezug zur Botschaft des Glaubens abhandengekommen sei. Wobei auch ihm jeder Zwang im Glauben fern liegt. „Wir können uns natürlich dagegen entscheiden, wir haben die Freiheit und das Recht dazu. Aber dann müssen wir eben auch die Folgen dieser Entscheidung tragen."

Gibt es etwas, das Vater Makarios aus seiner mönchischen Tradition denen raten könnte, die nicht im Kloster leben? Etwas, das in der Krise Perspektive geben könnte?

Makarios zitiert Basilios den Großen, einen der kappadokischen Kirchenväter. Wer reich werden wolle, ist bei ihm zu lesen, der solle spirituelle Schätze sammeln, nicht auf der Bank, sondern im Himmel. Die Methode dazu ist altbekannt und dennoch immer neu: für andere Menschen da zu sein, immer zur Hilfe bereit. „Wir werden das Problem nicht lösen, wenn wir unseren Lebensstil und unser Denken nicht ändern", hält Vater Makarios fest. „Wir müssen wieder lernen, einfach zu leben. Mit schlichten Bedürfnissen. Wir müssen ein ‚wirkliches', ein naturnahes Leben führen. Und dazu als Erstes entdecken, was im Leben wirklich Freude bereitet." Wahre Freiheit zum Beispiel: Aus seiner Sicht ist nur frei, wer sich von sich selbst befreit und so offen wird für andere. Wer aber voller Begehren und Bedürfnis ist, voller Egoismus und Selbstbezug, kann nicht frei sein.

Etwas lässt auch Vater Makarios nicht schlafen, und das sind die vielen Selbstmorde als Folge der Krise. Wenn die Lokalzeitungen schon wieder berichten, dass jemand – noch dazu vielleicht ein junger Mensch – keine andere Möglichkeit mehr sah, als seinem Leben ein Ende zu setzen, nimmt sich das Vater Makarios sehr zu Herzen. „Ich bin Mönch. Ich möchte, dass die Menschen mit ihren Problemen zu mir kommen und mir davon erzählen, anstatt sich umzubringen.“ Wenn das nicht geschieht, sagt Makarios, sei das für ihn und für die Kirche ein großes Problem. „Wir wollen doch, dass uns die Menschen vertrauen, dass sie uns um Hilfe bitten.“
Zwei Monate nach diesem Gespräch besuche ich Vater Makarios in seinem Büro bei der Kathedrale von Iraklio. Wieder kommen wir auf die schwierige Lage der Menschen zu sprechen. „Nein“, sagt er, „es geht uns nicht gut. Bei unserer Arbeit im Dienst der Kirche sehen wir täglich, wie die Menschen leiden. Es ist bitter, nicht in dem Ausmaß helfen zu können, wie es nötig wäre.“

Die Schuld der Europäer

Die Kirche sei doch reich, sie solle den Betroffenen viel mehr helfen, als sie es tut, sagen viele Griechinnen und Griechen. Wir sitzen in einem der Räume der Wiener Metropolie und sprechen über die Sorgen Griechenlands. Metropolit Arsenios weist darauf hin, dass auch die Kirche von der Krise schwer in Mitleidenschaft gezogen wurde. Ein Beispiel: War früher Einkommen aus Immobilienbesitz eine sprudelnde Finanzquelle, so liegt die Sache heute völlig umgekehrt. Die Bewohnerinnen und Bewohner können ihre Mieten nicht mehr zahlen. Statt regelmäßiger Einkommen sind damit viele Wohnungen für die Kirche zu Verlustgeschäften geworden, denn eine neue Steuer auf Häuser und Wohnungen ist unabhängig von den Einkünften zu zahlen. Die Kirche teilt dieses Problem mit einer Vielzahl von Haus- und Wohnungsinhabern, deren Besitz von der Altersversorgung zur Belastung geworden ist.

Als ich endlich eine Übersetzerin gefunden habe, treffe ich Abt Bartholomaios zu einem langen Gespräch unter der Klosterplatane. Er redet ganz offen über die Probleme. Auch das Kloster Epanosifi hat bisweilen Schwierigkeiten, die Stromrechnung, an die die Immobiliensteuer gekoppelt ist, zu bezahlen. In solchen Fällen helfen die Mönche mit ihrem Privatvermögen aus – zumindest diejenigen unter ihnen, die über ein eigenes Einkommen verfügen.

Wie reich ist das Kloster? „Epanosifi war früher sehr wohlhabend", erzählt der Abt. Aber seit den Sechzigerjahren des vergangenen Jahrhunderts habe man einen Großteil des Besitzes entäußert und die Einnahmen für soziale Zwecke zur Verfügung gestellt, zum Beispiel zur Errichtung von Schulen und Krankenhäusern. So sei der Besitz auf ein Zehntel des früheren Wertes reduziert worden. Damit sind die Möglichkeiten heute eingeschränkt. In der Krise leistet das Kloster trotzdem seinen Beitrag, vermittelt über die Erzdiözese, die die Hilfsmaßnahmen organisiert.
Grundsätzlich sieht Vater Igoumenos in dem Finanzdesaster auch etwas Positives. Denn nun müsse Griechenland notgedrungen zu einem einfachen Leben zurückkehren, das ihm eher entspreche als der schnelle und ungewisse Reichtum, der sich in den vergangenen dreißig Jahren breitgemacht habe. Griechenland und selbstverständlich auch Kreta seien immer arm gewesen. Selbst griechische Paläste, sagt der Abt, sähen im Vergleich zu europäischen Prunkgebäuden eher bescheiden aus.
Als konkrete Maßnahme empfiehlt der Abt seinen Landsleuten, nicht allein gegen die Krise anzukämpfen, sondern Teams zu bilden und gemeinsame Strukturen zu entwickeln. Für die Landwirtschaft denkt er zum Beispiel an Genossenschaften oder Kooperativen, wie sie auf Kreta auch schon zu finden sind. Ein ganzes Dorf, so der Abt, könnte eine Kooperative bilden und so einen Akzent gegen die derzeit in Europa herrschende Politik des großen Geldes setzen. Durch eine solche Zusammenarbeit könnte man verhindern, dass Menschen in den Abgrund stürzen.
Metropolit Arsenios hofft auf ein Umdenken auf europäischer Ebene: „Der Mensch, der Europäer ist schuld an der Krise, weil er Gott vergessen hat und diese Welt sein Schatz geworden ist. Er hat geglaubt, dass er ewig hier leben kann." Aber der Metropolit, der sich mit seiner Wiener Gemeinde intensiv für Betroffene engagiert, ist optimistisch, dass die Schwierigkeiten überwunden werden können. Zuversichtlich macht ihn zum Beispiel, dass es, wie er feststellt, heute mehr europäische Solidarität gebe als zu Beginn der Finanzkrise. „Sicher würde ich mir noch mehr wünschen, aber mit großer Freude sehe ich, dass immer mehr Menschen in Europa an den Süden denken." Niemand soll in Europa allein bleiben, das ist die große Hoffnung des Metropoliten. Die Erinnerung an Tod und Sterblichkeit: Vielleicht würde sie tatsächlich die Jagd nach Geld in Frage stellen – eine Jagd, bei der derzeit allzu viele Menschen auf der Strecke bleiben.
Eleni Tzortzaki aus Gergeri ist Mitte zwanzig und hat ihr Philosophiestudium abgeschlossen. Jetzt ist sie arbeitslos, was sonst? Zum Glück hat ihr Mann einen Job; er ist Bäcker und verdient als Fußballer noch ein we-

nig dazu. Aber für die ambitionierte junge Frau ist es zu wenig, Hausfrau zu sein, zu kochen und dafür zu sorgen, dass ihr doppelt belasteter Mann genügend Ruhezeit genießen kann. Sie möchte mehr aus ihrem Leben machen. Ihre Hoffnung liegt in der Schweiz. So bald wie möglich möchte sie emigrieren. Diese Krise, sagt sie, hat eher politische Ursachen als ökonomische. Und: „Es wird noch zehn Jahre dauern, bis wir wirklich sehen, was sie angerichtet hat."

Kapitel 9

VON WUNDERN UND AUSGEBLIEBENEN WUNDERN

Gergeri und der ermordete Großvater

„Welches ist das Wesen Gottes?
Der Kampf um Freiheit."
Nikos Kazantzakis, Askese

Eines Tages, erzählt Metropolit Arsenios, sei er an den Klosterzellen vorbeigegangen, als Folgendes geschah: Ein Fenster öffnete sich, und in hohem Bogen kam ein Radiogerät herausgeflogen. Kardamakis erkannte es wieder: Die Mönche hatten es zu Weihnachten einem ihrer Mitbrüder geschenkt, um sein Interesse an der Welt zu wecken. Denn er war bekannt dafür, dass er über dem ständigen intensiven Gebet alles Irdische vergaß. Nur Gott, nur der Glaube, nur die Religion hatten für ihn Bedeutung. Nun war offensichtlich auch das sanfte Erziehungsmanöver gescheitert. Dieses Teufelsgerät störe ihn und halte ihn vom Beten ab. Er aber brauche Stille und Konzentration, erklärte der fromme Mönch, als ihn Vater Arsenios bat, zu erklären, warum er sich auf diese unsanfte Weise eines immerhin von den Mitbrüdern mit Bedacht ausgewählten Geschenks entledigt hatte.
Das Schmunzeln über den allzu gebetseifrig und weltabgewandt erscheinenden Mönch hat schnell ein Ende, wenn man die Hintergründe erfährt, die mir der Metropolit schildert. Als Kind habe der fromme Mann mit ansehen müssen, wie deutsche Soldaten seinen Vater töteten und den Leichnam Hunden zum Fraß überließen. Er muss ein Leben lang gegen sein Kindheitstrauma angebetet haben. Noch im Wurf des Radios aus dem Fenster steckte die grausame Gewalt von damals.

Der großen Georgsikone in der Klosterkirche wird eine besondere Eigenschaft nachgesagt: Sie sei „wundertätig". Wer vor ihr bete, könne unter Umständen mit außergewöhnlichen, hilfreichen Ereignissen rechnen. Wenn Vater Igoumenos von der Dominanz des Rationalen in den westlichen Kirchen spricht, meint er nicht zuletzt den Glauben an Wunder, der aus seiner Sicht orthodoxen Christen leichter fällt. Diese seien „offener", sagt er, und würden auch rational nicht erklärbare Dimensionen der Wirklichkeit zulassen.
Metropolit Arsenios erzählt mir auch von anderen wundertätigen Ikonen. Im Frauenkloster *Panagía Kerá Kardiótissa*, an der Auffahrt von Mochos zur Lasithi-Ebene gelegen, ist die zentrale Marienikone mit dicken Ketten versehen. Laut einer Legende wurde das Bild zweimal nach Konstantinopel entführt. Jedes Mal, so die Wundererzählung, konnte es

aus eigener Kraft zurückkehren. Die Ikone wurde ein drittes Mal entführt. Diesmal kettete man sie an eine Säule, damit sie ganz sicher nicht wieder ausreißen konnte. Aber auch das half nicht. Sie kehrte erneut nach Kreta zurück, diesmal eben mit Kette und Säule. In einem anderen Kloster, so Metropolit Arsenios, gebe es eine Ikone, die Warnungen ausstoße. Wenn Gefahr im Verzug sei, gebe sie Klopfzeichen von sich.

Solche Erzählungen passen gut in die Gegend. Auch einfache Gläubige berichten von Träumen, die ihnen Hinweise gegeben hätten. Die Heiligen erscheinen. Geschieht ein Wunder, so ist das zwar höchst erfreulich, aber nicht wirklich überraschend.

„Natürlich wirkt die Ikone selbst keine Wunder", erklärt mir der Metropolit. Hier sei vielmehr der oder die dargestellte Heilige und damit Gott selbst am Werk. Zudem gebe es Wunder, die dem Gläubigen als solche erschienen, auch wenn sie nachvollziehbare Gründe hätten.

Der Bischof ist um ein Beispiel nicht verlegen. Als die Deutschen zur Zeit der Besatzung im Kloster Epanosifi Razzien durchführten und dabei entgegen aller Wahrscheinlichkeit weder die versteckten Waffen noch die Kämpfer fanden, sei das auch ein Wunder gewesen, ein geheimnisvolles Wirken Gottes. Für den Skeptiker ist das ein guter Moment zum Einhaken. „Wie oft fanden die Deutschen anderswo, was sie suchten?", frage ich. Ob das nicht ungerecht ist, wenn im einen Fall ein Wunder geschieht und es im anderen Fall ausbleibt? Der Metropolit stimmt zu. Ohne eschatologische Perspektive, ohne Hoffnung auf Auferstehung wäre auch die Rede vom Wunder schwer begreiflich zu machen. Dann erzählt er von einem Fall, bei dem das Wunder ausblieb. Sein eigener Großvater wurde von Wehrmachtssoldaten verhaftet und am 14. August 1944 erschossen.

Getötet ohne Grund und Urteil

Zwei Etymologien bieten sich an, um den Namen des Ortes Gergeri zu erklären. Entweder er stammt von den Wasserquellen, die hier, am Fuß des Rouvas-Massivs, aus dem Stein sprudeln. Oder er bezieht sich auf die Steilheit der Wege im Dorf. In Gergeri ist Metropolit Arsenios aufgewachsen.

Auf dem Friedhof ist das Gelände nicht minder abschüssig. Ganz unten steht unter Bäumen das Mahnmal. Es erinnert an die Opfer jener Massenexekution, der auch Kardamakis' Großvater zum Opfer fiel. Ihre Namen sind in den Stein gemeißelt. Gleich der erste ist der des Großvaters:

Nikolaos Anastasakis. Einer wurde offenbar später hinzugefügt, mittels einer angeschraubten Ergänzung. Es ist der Name eines Mannes, der überlebt hat. An 24 griechische Patrioten erinnert der Stein, „hingerichtet von den Deutschen“, heißt es auf der Inschrift. Aber dann fehlt plötzlich eine halbe Zeile. Sie wurde offensichtlich weiß überpinselt. Man sollte nicht mehr lesen können, was ursprünglich hier stand, aber die Farbe ist so weit verwittert, dass sich bei genauer Betrachtung die Konturen der Buchstaben doch wieder abzeichnen: „ohne Grund und Urteil“.
24 Männer wurden also hier erschossen sowie einer schwer verwundet, und zwar – wie die Inschrift ursprünglich zum Ausdruck brachte – unschuldig und ohne Richterspruch. Wer hat die Übermalung dieser halben Zeile verfügt? Ging es darum, die deutschen Gäste auf der Insel, vielleicht auch die potenten Partner in der Europäischen Union nicht mit einer allzu heftigen Anklage zu konfrontieren? Es wäre eine fragwürdige Geste der Unterwürfigkeit.
Wir verweilen einige Zeit an dem Ort, nehmen die Stille wahr, aber auch die stille Anklage, die kein Übertünchen zum Schweigen bringt. „Man darf nicht aufhören, darüber zu sprechen“, sagt uns der Metropolit anschließend in die Kamera. „Damit es nie wieder geschieht.“

Drei Wochen später darf ich mitkommen, um die Eltern des Metropoliten zu besuchen. Die Mutter, Kalliopi, klein und zierlich, mit vom Leben gegerbten Zügen, strahlt vor allem eines aus: Güte. Der Vater, Evklidis, ein großer, stattlicher Mann mit wachen Augen und einem kleinen Schnauzer auf der Oberlippe, nimmt manchmal seinen Gehstock zur Hand, um seine Gesten zu unterstreichen. So lässt sich leichter von schweren Zeiten erzählen.
Das kleine Haus steht mitten in einem großen Gemüsegarten, der sich steil nach oben zieht, zu Straße und Gartentür. Im Haus hängen Fotos an der Wand: von den Söhnen und ihren Ehefrauen, von der Tochter und ihrem Ehemann. Vom ermordeten Großvater. Und natürlich vom großen Sohn, dem Bischof. Ein besonders eindrucksvolles Bild zeigt ihn und Vater Paisios als junge, noch bartlose Studenten. Dokumente des Zeitvergehens, wie alle Erinnerungsbilder.
Ob sie sich freuen, einen Bischof zum Sohn zu haben, frage ich die Eltern, als wir bei Zwetschgen und Raki vor dem Haus sitzen. Die Sonne geht hier schnell hinter dem Berg unter und lässt damit den angenehm temperierten Abend früher beginnen. Die Mutter hebt bei der Frage die Augen zum Himmel, um der Muttergottes ein Dankeschön zuzuflüstern. Der Vater aber fasst die spürbare Freude in Worte: „Etwas Besseres hätte

uns nicht passieren können." Dabei, gibt er dann zu, waren seine Frau und er am Anfang gar nicht einverstanden mit der Entscheidung ihres Konstantinos, ins Kloster einzutreten. Zunächst hätten sie getrauert im Gefühl, ihren Sohn zu verlieren. Der besorgte Vater brach sogar nach Epanosifi auf und versuchte, ihn wieder heimzubringen. Der damalige Abt bat ihn zu einem Gespräch in die Kirche und fragte ihn vor der wundertätigen Ikone des heiligen Georg, wie viele Kinder er denn habe. „Vier", antwortete Evklidis Kardamakis wahrheitsgemäß. „Dann können Sie doch wenigstens einen Ihrer Söhne Gott überlassen", sagte der Abt. Von da an nahm der Vater Abstand von der Idee, seinen Sohn nach Hause zu holen.

Wir reden vom Krieg. Evklidis Kardamakis war 14, als am 20. Mai 1941 deutsche Fallschirmspringer auf der Insel landeten und die auch für sie selbst verlustreiche „Schlacht um Kreta" eröffneten. Kardamakis erzählt, dass zur Zeit des Angriffs nur wenige wehrfähige Kreter auf der Insel waren; ein Großteil von ihnen sei an der Epirus-Front in Albanien eingesetzt gewesen. Trotzdem hatten die Deutschen – auch Österreicher waren unter ihnen – den Widerstand, der sie auf Kreta erwarten würde, weit unterschätzt. Die deutsche Aufklärung hatte einerseits die Truppenstärke der Alliierten (englische, australische und neuseeländische Verbände, dazu griechische Soldaten und die kretische Gendarmerie) als zu gering beschrieben, andererseits war man davon ausgegangen, dass die kretische Bevölkerung die Wehrmacht als Befreier empfangen würde, wovon nicht die Rede sein konnte. Im Gegenteil: Auch Zivilisten stellten sich den deutschen Fallschirmjägern entgegen und wurden dafür grausam bestraft.

Doch der Widerstand konnte die erste große Luftlande-Operation der Geschichte nur verzögern, nicht verhindern. Nach wenigen Tagen war Kreta von deutschen Truppen besetzt und sollte es bis Kriegsende – teilweise sogar über das Kriegsende im Mai 1945 hinaus – bleiben.

Für den jungen Evklidis Kardamakis bedeutete die Besatzung vor allem Zwangsarbeit. Immer wieder, erzählt er, seien Soldaten ins Dorf gekommen und hätten arbeitsfähige Männer und Burschen abgeholt. Für jeweils etwa zwei Wochen mussten sie dann auf einem nahe gelegenen Flugplatz Dienst tun: das Rollfeld in Schuss halten und erledigen, was immer an Arbeit anfiel. Wer seinen Auftrag nicht wie gewünscht ausführte, musste damit rechnen, verprügelt zu werden. Es gab einige, so Kardamakis, die eine solche Prügelattacke nicht überlebten. Aber er erzählt auch von einem Soldaten namens Karl, der sich für die jungen Zwangsarbeiter ein-

gesetzt und sie gegen die Schikanen anderer verteidigt habe. Trotz der schlimmen Ereignisse wehrt er sich dagegen, alle über einen Kamm zu scheren: „Es waren nicht alle gleich schlimm." Einigen der Männer habe man angesehen, dass sie ungern hier waren und lieber heute als morgen zu ihrer eigenen Familie nach Hause zurückgekehrt wären.
Kalliopi Kardamakis, die Mutter des Metropoliten, verbindet mit dem Krieg vor allem ein Ereignis, das sie nicht vergessen kann. Sie war im Dorf unterwegs, als sie ihren Vater in Begleitung eines Trupps von Soldaten auf sich zukommen sah. Er hatte die Gelegenheit, ein letztes Mal zu seiner Tochter zu sprechen. „Ich komme nicht mehr nach Hause", sagte er. „Du bist die Älteste unter den Kindern. Du musst der Mutter helfen." Als sie ihrer Mutter davon erzählte, brach diese in Tränen aus. So wusste sie, dass tatsächlich keine Hoffnung mehr bestand. Wenig später wurde der Vater erschossen.
Kalliopi war damals acht Jahre alt. „Welche Folgen hatte die Ermordung des Vaters für Sie?" Frau Kardamakis muss keine Sekunde nachdenken: „Armut." Sie musste nun tatsächlich mithelfen, zu Hause und auf dem Feld. In die Schule konnte sie nicht mehr gehen; ihre Arbeitskraft war dringend erforderlich, um die Familie durchzubringen.
Die Erzählungen der beiden sind erschütternd, auch noch nach so vielen Jahren. Insgesamt starben im Zuge der deutschen Besetzung Kretas, die vor allem strategische Ziele hatte, weit über 8000 kretische Zivilisten.
„Wie kommt es", frage ich, „dass die Menschen nur wenige Jahre später bereit waren, deutsche und österreichische Touristen freundlichst aufzunehmen?" Evklidis Kardamakis lässt sich trotz der vielen mit Emotionen behafteten Erinnerungen seine Fähigkeit zur Differenzierung nicht nehmen. Touristen seien doch etwas ganz anderes als die Soldaten. Und er wiederholt: Auch die Soldaten waren nicht alle gleich.

Eine Tradition der Erinnerung

Nimmt man mitten in Gergeri die Abzweigung, die emporführt, braucht man ein gutes Auto. In steilen Serpentinen geht es nach oben; bald ist man mitten in einer prachtvollen Berglandschaft, bisweilen umgeben von Bergziegen, die hier ganz zuhause sind. Oben führt die Straße über eine Kuppe und auf der anderen Seite wieder nach unten, zu einem Hochplateau. Hier ist die Asphaltstraße zu Ende; es geht auf Schotterpisten langsam weiter. Nach vielen Steilkehren erreicht man eine kleine Kirche, das Ziel unseres Ausflugs. Vater Paisios ist von Epanosifi aus mitgekommen.

In Gergeri sind Grigoris und seine Frau Sofia zugestiegen. Der Metropolit selbst ist längst wieder in Wien. Als wir an der Kirche aussteigen, atmen wir kühle, würzige Bergluft. Wir sind mitten im Rouvas-Wald, einer eindrucksvollen, dicht bewachsenen Hochebene. Es ist ein Ort des Gedenkens. Nur fünf Minuten von der Kirche entfernt liegt eine Höhle. In ihr, so die Erinnerung, zogen sich im Jahr 1740 drei Männer zurück. Sie waren vor den osmanischen Besatzern auf der Flucht – warum, das weiß man heute nicht mehr so genau. Jedenfalls wurden sie in ihrem schlichten Quartier von einem Wintereinbruch überrascht. Der Schnee lag hoch. Alle drei erfroren. Sie gelten als Märtyrer.
Vater Paisios und der Pfarrer von Gergeri, dem Metropolit Arsenios seinerzeit als Ministrant diente, zelebrieren einen Gottesdienst in Erinnerung an die Toten von damals. Obwohl es noch früh am Morgen ist, sind gar nicht so wenige Autos aus Gergeri gekommen und parken zwischen den Bäumen. Nicht nur in osmanischer Zeit, sondern auch während der deutschen Besatzung war der Rouvas-Wald ein hervorragendes Rückzugsgebiet für Flüchtlinge.
Heute zieht es die Menschen zum Feiern hinauf. In einer breiten Senke neben der Kirche stehen Bänke unter den Bäumen. Bald biegen sich die Tische; an den Feuern gart das Fleisch. Die Laune steigt mit dem leichten Wein, der kredenzt wird. Es gibt viel zu lachen. „Erzähl das nicht Frau Merkel“, sagen die Leute zu mir, dem Mann aus dem reichen Westen. Die deutsche Bundeskanzlerin soll nicht wissen, dass man es sich hier mitten in der Krise wirklich gut gehen lassen kann. Die Erklärung, wie so etwas möglich ist, folgt sofort: Für all die Köstlichkeiten wurde kaum Geld ausgegeben. Das Fleisch kommt von eigenen Schafen und Ziegen, das Gemüse aus dem eigenen Garten, die Früchte von den eigenen Bäumen, Wein und Raki von den eigenen Reben. Die Frauen haben außerdem köstliche Kuchen gebacken. Hier kommt nichts aus dem Supermarkt, ein paar Flaschen Mineralwasser ausgenommen.
Es sind Stunden purer Lebensfreude, ein Triumph der Insel über die Großstadt.

Am 14. August komme ich wieder nach Gergeri, zum großen Gedenken an die Opfer der Massenerschießung. Zahlreiche Orte in der Umgebung feiern in diesen Tagen an den Mahnmälern ihre Ermordeten. Im Sommer 1944, als sich die Niederlage schon abzeichnete, kam es gehäuft zu Racheakten der Deutschen an der kretischen Bevölkerung.
Es ist Donnerstag, ein Arbeitstag. Aber wer kann, ist da. Die Straßenränder sind in beide Richtungen auf Sichtweite zugeparkt.

Vor der Friedhofskapelle haben Männer in kretischer Tracht Aufstellung genommen; die Knoten in den Fransen der schwarzen Tücher, die sie um den Kopf gewickelt haben, symbolisieren Tränen und verweisen auf die blutige Geschichte der Insel. Jeder trägt eine Tafel mit einem großen Schwarz-Weiß-Bild. Das sind die Gesichter der Ermordeten. Ein wenig erinnern sie an Ikonen. Auch Metropolit Arsenios' Großvater ist dabei.
Nach dem Gebet ziehen alle über den steilen Weg nach unten und versammeln sich vor dem Mahnmal. Die Männer mit den Tafeln stehen auf der Mauer, links und rechts neben dem Gedenkstein. So schauen die Toten in die Menge.
Auch hier spricht der Priester ein Gebet, man singt gemeinsam. Dann werden die Namen der 25 Männer verlesen. Und nach jedem Namen ertönt der Ruf: *apón*, abwesend. Politiker sind da, Militärs, Honoratioren aller Art, alte und junge Menschen. Sie legen Kränze nieder, einen nach dem anderen. Dann hält Eleni Tzortzaki, die junge Philosophie-Absolventin, ihre Rede, in der sie erzählt, was damals geschah. Sie hat Quellen gesammelt und Augenzeugen befragt. Eleni ist eine Mittzwanzigerin und hat eigentlich andere Sorgen, als sich über die Gräuel der Geschichte Gedanken zu machen. Aber sie weiß, wie wichtig es ist, nicht zu vergessen.

Der Bericht der Kommission

Am 29. Juni 1945 ging Nikos Kazantzakis in der Suda-Bucht bei Chania an Land. Er war Mitglied einer vierköpfigen Kommission, die von der Regierung unter dem Kurzzeit-Premierminister Petros Voulgaris beauftragt worden war, die Gräueltaten der Wehrmacht auf kretischem Boden zu dokumentieren. Am 11. Juli schrieb er an seine zukünftige Frau, Eleni Samiou:
„Wir sind immer noch in Chania. Unser Auto hat eine Panne. Wir sind auf der Suche nach einem Reifen oder nach einem anderen Wagen, den uns die Engländer geben könnten. Aber alle Autos sind von Kreta geflohen; die Schwierigkeiten sind enorm ... Kretas Leid ist groß. In einem Dorf wurden wir nur von schwarz gekleideten Frauen empfangen, denn ihre Männer sind von den Deutschen erschossen worden. Völlig verbrannte Dörfer. Ruinen. Die Leute haben keine Gabel, kein Glas, kein Gewand und keinen Wein, und sie weinen, weil sie uns nichts anbieten können. Es bricht einem das Herz."
Acht Tage später ist er in Iraklio („Kastro"), wo das Auto erneut repariert werden muss. Wieder schreibt er an Eleni: „Kastro ist nicht wieder-

zuerkennen. Ruinen. Alte Häuser, neue Menschen, meine Bekannten tot oder am Ende ... Es wird sehr schwer werden, ein Buch über Kreta zu schreiben, weil ich so deprimiert bin."

Die Kommission erfüllte ihren Auftrag, so gut es ging. Einige Dörfer blieben wegen der zerstörten Straßen unerreichbar. Aber nach Gergeri schafften es die Männer. Der Bericht wurde 1983 von der Stadtgemeinde Iraklio veröffentlicht.

Bis zum August 1944, heißt es in der Darstellung, habe es in Gergeri lediglich sporadische Hinrichtungen gegeben. Einem Mann namens Evstratios Liontarakis wurde vorgeworfen, er habe einen Deutschen ermordet. In der Nacht wurde sein Haus umstellt. Durch den Schornstein warfen die Soldaten eine Granate in das Haus, die den Mann tötete. Als sie dann die Tür aufgebrochen hatten, brachte ein speziell abgerichteter Schäferhund die schwangere Hausfrau um, indem er sich in ihre Kehle verbiss. Ein anderer Mann namens Chronis Makridakis wurde erschossen, als er in einer verbotenen Bergregion Grünzeug für das Abendessen sammelte.

Dann beginnt die Schilderung der Ereignisse des 14. August. „Sie" umstellten das Dorf und plünderten es. Getreide und Öl nahmen „sie" mit. „Sie" zwangen die Einwohner, ihnen Essen zuzubereiten. Danach mussten sich Männer und Frauen auf der Straße versammeln. Dort wurden sie mit dem Vorwurf konfrontiert, sie hätten Engländer und Rebellen verköstigt, seien ihren Aufgaben nicht nachgekommen, hätten nicht ihr ganzes Getreide abgeliefert. Deswegen müssten sie bestraft werden. Die Mädchen wurden verhöhnt: „Jetzt tragt ihr noch rote Kleider, bald werdet ihr sie gegen schwarze tauschen." Dann wurden die Bewohner anderer Dörfer ausgesondert und nach Hause geschickt. Die Männer aus Gergeri mussten sich in einer Reihe aufstellen. „Indem sie ihre Notizen konsultierten", heißt es im Bericht, „wählten sie 22 aus. Weil aber damit die vorher festgelegte Zahl noch nicht erreicht war, nahmen sie 18 mehr, die jüngsten und kräftigsten, und sperrten sie mit der ersten Gruppe in einem Haus ein."

Ein Grieche, der Mitglied der Gestapo war, konnte erwirken, dass am nächsten Tag 14 Männer wieder freigelassen wurden; sie durften sich wiederum mit Öl und Getreide freikaufen. Die übrigen 26 wurden durch das Dorf zu der Stelle geführt, an der heute das Mahnmal steht. Es ist ein Ort mit dem Namen „Leben spendende Quelle". Ohrenzeugen, die in der Nähe auf den Feldern waren, hörten, dass einige der Männer Lieder sangen, bis die Schüsse fielen.

Der Kommissionsbericht erwähnt auch einen Mann, der entkommen konnte. In Gergeri erinnert man sich genau an die Geschichte. Als die

Todgeweihten durch das Dorf getrieben wurden, wandte er sich in einem unbeobachteten Moment an Frauen, die am Straßenrand standen, um ihnen eine letzte Botschaft für seine Familie mitzugeben. Geistesgegenwärtig öffneten sie ihm eine Gasse; er konnte in der Menschenmenge verschwinden. Als sein Fehlen entdeckt wurde, war er längst unterwegs auf den Rouvas und versteckte sich dort an dem für Flüchtlinge so günstigen Ort. Auch der 25. Patriot, Alexandros Papadakis, wird in dem Bericht erwähnt. Als er zu Boden stürzte, hatte er sieben Kugeln im Leib, war aber noch am Leben. Es gelang ihm, keinen Mucks von sich zu geben, als die Soldaten mit Fußtritten überprüften, ob alle tot waren. Eleni Tzortzaki weiß, was dann geschah. Als die deutschen Soldaten den Ort des Grauens verlassen hatten, schleppte sich der schwer Verletzte in ein fünf Kilometer weit entferntes Dorf und wurde dort von einem Arzt gepflegt. Man versteckte ihn in einem Ofen, um ihn vor einem neuerlichen Zugriff der Soldaten zu bewahren. Es gelang. Alexandros Papadakis wurde alt. Bis zu seinem Tod vor wenigen Jahren kam er regelmäßig zu den Gedenkfeiern. Wurde sein Name aufgerufen, war er der Einzige, der antworten konnte: *parón*, anwesend.

„Am selben Tag", damit endet die Passage über Gergeri im Kommissionsbericht, „exekutierten sie in Skourvoula 35 Männer, Frauen und Kinder."

Eleni Tzortzaki beendet ihre Rede mit einem Zitat aus einer Radioansprache von Nikos Kazantzakis: „Die Kreter lieben das Leben wie verrückt. Aber sie haben keine Angst vor dem Tod."

Was hier geschieht, ist eine schmerzhafte und gefährliche Erinnerung. Und es ist eine bleibende Mahnung an die Besatzer, Henker und Kriegsverbrecher von heute. Sie werden Traditionen des Erinnerns hinterlassen, aus denen sie sich nicht davonstehlen können.

Gergeri hat wie viele andere Dörfer eine Form gefunden, mit dem Schrecklichen von damals umzugehen. Dass es einen kretischen Gestapo-Mann gab, der genug Macht besaß, um die Freilassung bestimmter Männer zu bewirken, gibt zu denken, aber seine Intervention hat 14 Söhnen, Ehemännern, Vätern das Leben gerettet. In anderen Dörfern Kretas, erzählt Denise Alevizou vom historischen Museum in Iraklio, sei die Wunde bis heute nicht verheilt. Sie sei deshalb so tief, weil es dort und da Kollaborateure gab, eigene Leute, die mit den deutschen Truppen gemeinsame Sache machten und sich sogar an Erschießungen beteiligten. Während der Gedenkfeier vor dem Mahnmal in Gergeri hängen draußen am Zaun Plakate, die eine Verbindung zum aktuellen Geschehen herstellen. Es sind Sprüche, die die Finanzkrise aufs Korn nehmen, und es ist sicher kein Zufall, dass sie heute hier hängen. „Solidarität ist unsere Waffe“ ist da zu lesen, oder: „Um die Sterne zu sehen, musst du das Haupt erheben.“ Oder: „Deine Couch macht dich zum Mittäter.“ Oder: „Wäre die Erde eine Bank, wir hätten sie schon gerettet.“ Besonders berührend ist eine Abwandlung des Grabspruches von Nikos Kazantzakis: „Ich fürchte nichts. Ich hoffe nichts. Ich bin arbeitslos.“

Von Ost nach West

Karlsruhe und Aachen. Das waren die beiden ersten Stationen im Leben des Arsenios Kardamakis außerhalb Griechenlands. Als er seiner Familie mitteilte, dass er Griechenland verlassen und zunächst nach Deutschland ziehen werde, war das für seine Großmutter ein Schock. „Nein, bitte nicht Deutschland“, sagte sie. Es ist ihr nicht zu verdenken. Welche Großmutter sähe gerne den Enkel in das Land gehen, dessen Armee den eigenen Ehemann ermordet hat? Aber Vater Arsenios antwortete: „Großmutter, jetzt gibt es keinen Krieg mehr. Das ist Europa, überall arbeiten Menschen für den Frieden.“ Erst nach einem längeren Gespräch lenkte sie ein: „Gott schütze dich.“

Einfach war der Schritt trotz großmütterlichem Segen nicht. „Ich kannte die westliche Tradition nicht“, sagt der Metropolit. „Am Anfang war das für mich ein echter Kulturschock.“ Aus dem, was er schildert, wird deutlich, dass nicht nur die Großmutter tief sitzende Bedenken hatte: „Ich bin groß geworden mit der Geschichte, dass die Deutschen Fremde waren, Feinde. Und dass der echte Kreter vorbereitet sein muss, weil sie wiederkommen können.“ Aber dann habe er zuerst in Deutschland, dann in Frankreich und jetzt in Österreich und Ungarn Freunde gefunden und offene Herzen. „Jetzt sind Österreich und Ungarn mein Zuhause geworden.“

Aber was hat den Kulturschock ausgelöst? Natürlich ist es schwierig, in ein Land zu kommen, dessen Sprache man erst erlernen muss. Aber das kann es nicht allein gewesen sein. Zunächst spricht Arsenios Kardamakis von der Natur. Es sei ihm schwergefallen, aus der lächelnden Sonne Griechenlands in das bedeutend ernstere Klima Deutschlands zu kommen. Außerdem habe er die Landschaft vermisst, die Weite des Blicks, den Duft der Blumen und Gräser. Es sei ihm schwergefallen, in der grauen Großstadtwelt von Karlsruhe Fuß zu fassen.

Mir genügt diese Antwort nicht. Denn sie schildert lediglich die Schwierigkeit, vom Land in die Stadt zu ziehen. Noch dazu hat Kardamakis lange in Athen gewohnt – in einer Stadt also, in der die Großstadtprobleme des Landkindes mindestens so stark hätten sein müssen wie in Karlsruhe. Ich bitte ihn, noch einmal nachzudenken. Was hat den Kulturschock ausgelöst? War es einfach nur Heimweh? War es der schwierige Schritt nach Deutschland? Was charakterisiert für ihn den Unterschied zwischen dem „Osten", in dem er aufgewachsen ist, und dem „Westen", in dem er jetzt lebt?

Kardamakis denkt lange nach. Dann, tastend und vorsichtig, kommt eine Antwort. „Vielleicht ist es so", sagt er: „Im Westen versteht man sich selbst gerne als Zentrum des Universums. Im Osten hingegen sieht man zuerst das Universum – und erst dann sich selbst als Teil darin."

Kapitel 10

EIN KÜNSTLER ALS KÄMPFER

El Greco und die „Stadt Himmels und der Erden“

„Ein jeder Engel ist schrecklich."
Rainer Maria Rilke, Erste Duineser Elegie

Am Allerseelentag des Jahres 1912 kommt ein Reisender auf dem Nordbahnhof von Madrid an. Doch die spanische Hauptstadt interessiert ihn wenig. Er durchquert sie ohne Aufenthalt und besteigt einen Zug, der weiter nach Süden fährt. Das Ziel seiner Reise: eine malerische Stadt, erbaut auf einem steilen Hügel, um den der Fluss Tajo einen Bogen schlägt, Hauptstadt des alten Reiches der Westgoten und des Königreichs Banu dil-Nun in maurischer Zeit, ehemaliges Zentrum der Waffenproduktion, in dem auch Kaiser Karl V. Schwerter für seine Truppen schmieden ließ, Sitz des katholischen Erzbischofs und Primas von Spanien, Residenz der spanischen Könige, bis Philipp II. den Hof nach Madrid verlegte, Zentrum der Region Kastilien-La Mancha, der Heimat des verspäteten Ritters Don Quijote, der mit seinem treuen Knappen Sancho Panza gegen Windmühlen und Zauberer kämpfte: Toledo.
Unser Reisender hat eine Biografie von Miguel de Cervantes im Gepäck, und zwar auf Spanisch. Er möchte seine Sprachkenntnisse vertiefen. Schließlich ist er auf der Suche nach einer Bleibe, einem Ort, an dem er, der rastlos Getriebene, es würde aushalten können. Toledo hat gute Chancen. Ohne jemals hier gewesen zu sein, sieht er in der Stadt etwas wie seine „Seelenheimat". Im Wagen fährt er vom Bahnhof den Altstadthügel hinauf, zur einzigen Fünf-Sterne-Herberge der Stadt, dem „Hôtel de Castilla" auf der Plazuela San Agustín. „Gilt für das beste hier und scheint brauchbar zu sein", notiert er. Es ist nicht anzunehmen, dass man an der Rezeption mit dem Namen, den der feine Herr ins Gästebuch eintrug, etwas anzufangen wusste: Rainer Maria Rilke.

Noch am selben Abend schreibt der Dichter einen ersten Brief an seine Freundin und Gönnerin Marie von Thurn und Taxis-Hohenlohe. Pure Begeisterung spricht aus ihm. „Ich begreife augenblicklich die Legende, dass Gott, da er am vierten Schöpfungstag die Sonne nahm und stellte, sie genau über Toledo einrichtete: so sehr sternisch ist die Art dieses ungemeinen Anwesens gemeint, so hinaus, so in den Raum –, ich bin schon überall herumgekommen, hab mir alles eingeprägt, als sollt ichs morgen für immer wissen ..."
Im Jänner dieses Jahres hat Rilke, zu Besuch bei den Thurn und Taxis, in deren Schloss Duino bei Triest die erste seiner zehn „Duineser Ele-

gien“ geschrieben. Die zweite und Teile der dritten folgten rasch, doch dann stockte das Unternehmen. In den folgenden Jahren ist der fahrende Dichter immer auch auf der Suche nach einem Ort, an dem es gelingen könnte, das große Werk der zehn Elegien zum Abschluss zu bringen.

„Wer, wenn ich schriee, hörte mich denn aus der Engel Ordnungen?“ Mit dieser berühmten Frage beginnt das zehnteilige Werk. Die Engel, die in den Elegien eine zentrale Rolle spielen, versteht Rilke nach eigener Auskunft allerdings nicht als die Götterboten der Bibel. Sie sind vielmehr als Wesen gedacht, die den Weg der Kunst vorzeichnen: die Umwandlung von Sichtbarem in Unsichtbares, von Materie in Geist. „Engel (sagt man) wüssten oft nicht, ob sie unter Lebenden gehen oder Toten“, heißt es in der ersten Elegie. Die geistige, unsichtbare Realität steht hoch über der sichtbaren, irdischen, an der sich die Menschen notgedrungen orientieren. Die Engel in ihrer Erhabenheit sind nicht nur schön, sondern auch „schrecklich“, „fast tödliche Vögel der Seele“. Sie machen die eigene Endlichkeit und Begrenztheit auf schockierende Weise bewusst.

In den Briefen aus Toledo wird deutlich, wie sehr Rilke mit seinen Engeln beschäftigt ist. „Stellen Sie sich vor“, schreibt er an die Fürstin, „ich nahm die Gasse Santo Tomé, dann die des Engels (Calle del Angel) ...“ Und wiederum mit dem Überschwang der Begeisterung über den Ort, der ihm schon nahe war, als er ihn noch nicht kannte: „Sagen können, wie es hier ist, werd ich ja nie, liebe Freundin (da ist Sprache der Engel, wie sie sich unter den Menschen helfen), aber *dass* es ist, dass es *ist*, das müssen Sie mir aufs Geratewohl glauben.“ Eine „Stadt Himmels und der Erden“ nennt er Toledo in einem späteren Schreiben, „denn sie ist wirklich in beiden, sie geht durch alles Seiende durch“ und ist „in gleichem Maße für die Augen der Verstorbenen, der Lebenden und der Engel da“. An Elsa Bruckmann schreibt er am 28. November: „Ab und zu nehm ich ein Buch, versuchs mit Cervantes, aber schließlich ist ein einziges unter diesen Umständen möglich: das Alte Testament, der Maßstab ist fast der gleiche, man schlägt die Bibel auf und liest in der Landschaft weiter, einer Landschaft, die nicht redet, die prophezeit ...“

Was hat Rilke so stark nach Toledo gezogen? Nicht zuletzt der große Kreter Dominikos Theotokopoulos.

Rilkes erste Begegnung mit El Grecos Bildern datiert ins Jahr 1903, als er im Pariser Atelier des baskischen Malers Ignacio Zuloaga drei Werke des Kreters bestaunt: die „Stigmatisierung des heiligen Franz von Assisi“, einen „heiligen Antonius“ und eine „Verkündigung“. 1908 betrachtete er im Salón de Otoño in Paris die berühmte „Ansicht Toledos“, ein Bild, das

alles andere als ein naturgetreues Abbild der Stadt darstellt. Eher scheint es einem Traum zu entstammen – oder „Schlaflosigkeiten“, wie Rilke in einem auf Französisch verfassten Brief an Auguste Rodin formuliert. Hinter der Stadt geht ein schweres Gewitter nieder. Ein gespenstisches, düster bedrohtes Toledo zeigt sich hier; die bleichen Bauten scheinen in den Furchen zwischen den Hügeln verschluckt und vom Fluss weggespült zu werden. Immer erstaunlicher, schreibt der Dichter an seinen Künstlerfreund, erscheine ihm diese Landschaft. „Lichtfetzen zerwühlen die Erde, schaufeln sie um, reißen sie auf und lassen hier und da Wiesenstücke herausschießen, fahlgrün, hinter den Bäumen ...“ Er sieht einen dramatischen Kampf der Stadt: „Die entsetzte und aufgeschreckte Stadt richtet sich in einer letzten Anstrengung auf, wie um die Angst zu durchbrechen, die in der Atmosphäre liegt.“
Zum Schluss aber fügt er hinzu: „Man müsste solche Träume haben.“

1911 nützt Rilke die Möglichkeit, in der Münchner Pinakothek weitere Bilder El Grecos zu betrachten, darunter das berühmte Alterswerk „Laokoon“. Toledo bildet hier den Hintergrund für die Bestrafung des trojanischen Apollo-Priesters Laokoon und seiner Söhne durch Schlangen, die die Göttin Athene gesandt hat. Lange, bleiche Körper sind zu sehen, ein Todeskampf und Todestanz vor den Toren der Stadt. Aufgewühlt berichtet Rilke am 27. September an Marie von Thurn und Taxis von den „El Grecos“, die er „jetzt in München sah und wiedersah, durchmachte, erlebte“, und beschreibt das „Laokoon“-Bild ausführlich. „Laokoon, umgerissen von der Schlange ... einer der Söhne schon gefällt ... zwei Söhne rechts noch kaum begreifend (so schnell wälzte sich das heran und nahm überhand), und durch alles hindurch, durch Stehen und Stürzen und Widerstand, durch alle die spannenden Zwischenräume dieser Verzweiflung durch – Toledo gesehen, wie wissend von diesem Schauspiel, hinaufgedrängt auf seine unruhigen Hügel, bleich von dem Schein der hinter ihm einstürzenden Himmel –. Ein unvergleichliches, unvergeßliches Bild.“
Es sind diese Gemälde, die in Rilke den Wunsch wecken, nach Toledo zu reisen. „Es müsste herrlich sein, diese Stadt zu sehen und den Greco im Zusammenhang mit ihr.“

Begegnung mit dem Engel

Trotz der Begeisterung, die Rilke für Toledo empfindet, ist die Stadt für ihn nicht der Ort, an dem er bleiben kann. Er ist spät im Jahr angekommen; der Winter, der ins Land zieht, ist ihm schlicht zu kalt. Herr Rilke friert. Dabei ist er, soweit es ums Betrachten geht und nicht um die Wärmeempfindung, fasziniert vom Wetter. Lange vor seiner Ankunft hat er in den Bildern El Grecos ja bereits dunkelste Wolkenballungen betrachtet. Jetzt kann er den Blick nicht von dem Schauspiel am Himmel wenden. Am 15. November berichtet er der Fürstin: „Bis gestern war das klarste Wetter, und das Schauspiel der Abende vollzog sich in ruhiger Geräumigkeit, erst heute komplizierte sich der Himmel, gleich nach Mittag kam es zum Regnen, aber ein kalter verschlossener Wind unterbrach den Regen mitten im Satz, schob die Wolken aufwärts und drängte sie zu Massen über die schon gegen Westen geneigte Sonne, – und nach dem, was ich im weiteren Verlauf zu sehen bekommen habe, muss ich mir (trotz meines körperlichen Anspruchs auf Wärme) solcher Vorgänge viele wünschen." Das Wolkenrandlicht El Grecos: Hier muss es häufig vom Himmel geleuchtet haben. Zwei Tage später klingt Rilke aber schon bedeutend verzagter: „Wir sind einer recht aufdringlichen Kälte in die Hände gefallen und es gibt nichts, was auf mich mehr wie Schicksal wirkt, als dieses penetrante Frieren, das mich nicht anders wehrlos findet als irgend einen jungen Hund, von dem noch nicht einmal recht entschieden ist, wie er heißt."

Vier Wochen verbringt er in Toledo („ich sahs zuende gehen, konnte nichts dagegen thun"), dann reist er weiter. Er verlässt die Stadt – allerdings „beständig zurückschauend". Feigenbäume in der Umgebung Toledos könnten für die sechste Elegie inspirierend gewesen sein. In der „spanischen Trilogie" klingen Motive aus der Mancha nach, oder in Gedichten wie der „Himmelfahrt Mariae". Aber Toledo wurde nicht der Ort der Elegien.

Im Erleben der einzigartigen Stadt wird die Sprache, in der Rilke über El Greco schreibt, vorübergehend nüchterner. Schon am 13. November berichtet er seiner Fürstin: „Grecos habe ich seither viele gesehen und einzelne mit sehr unbedingter Bewunderung; im ganzen aber ist er natürlich nun ganz anderswo innerlich einzuordnen; bisher, wo man ihn sah, bedeutete er alles dies, für den Hierseienden geht er zunächst im Vorhandenen unter, ist nur wie eine schöne Schnalle, die die große Erscheinung fester um die Dinge zusammennimmt."

Trotzdem: Was er von El Greco zu sehen bekommt, beeindruckt Rilke nachhaltig. Vor allem die Engelsdarstellungen mit ihren riesigen Vogelflügeln haben es ihm angetan. Noch am Tag vor seiner Abreise sitzt er lange in der Kirche von San Vicente, vor der „Asunción", der Himmel-

fahrt Mariens. Da ist ganz unten im Bild wieder eine Ansicht Toledos zu sehen, in aller Düsternis und Bleiche einer gewittrigen Nacht. Im Vordergrund leuchtet ein Strauß von Rosen und Lilien. Ein großer, perspektivisch von hinten gemalter, spitznasiger Engel berührt mit seinen Füßen die Blumen, reicht aber bis an den Saum des Kleides der Gottesmutter, die über ihm schwebt. Denn oben im Bild ist ihre Ehrung in vollem Gang, mit musizierenden Engeln, mit einer strahlenden Geist-Taube und einer Maria, die sich das himmlische Fest mit bescheidener Geste gefallen lässt. Der eine Engel aber verbindet Unteres mit Oberem, Irdisches mit Überirdischem, Sichtbares mit Unsichtbarem. Er ist, wie es Rilke in der Elegie benennt, „in beiden Bereichen“ zu Hause.
In dem Gedicht „Himmelfahrt Mariae“ findet sich eine Erinnerung an dieses El-Greco-Bild:
„Nicht nur aus dem Schaun der Jünger,
welchen deines Kleides leichte Wehmut bleibt:
ach, du nimmst dich aus den Blumenkelchen,
aus dem Vogel, der den Flug beschreibt.“

Tage später, schon von Sevilla aus, schildert Rilke der Fürstin die Szene auf der Leinwand: „Ich sah noch viel Greco in Toledo, mit immer mehr Einsicht und immer reinerer Ergriffenheit; ganz zum Schluss die Himmelfahrt in San Vincente: ein großer Engel drängt schräg ins Bild hinein, zwei Engel strecken sich nur, und aus dem Überschuss von alledem entsteht purer Aufstieg und kann gar nicht anders. Das ist Physik des Himmels.“
Purer Aufstieg. Physik des Himmels. Oder wie Nikos Kazantzakis sagen würde: der Weg empor.

Im Bann der Bilder

Es ist der Tag nach dem Fronleichnamsfest 2014. Toledo, das an seiner katholischen Gegenwart keinen Zweifel lässt, hat sich demonstrativ in Symbole gehüllt. Sämtliche Balkone an der Plaza de Zocodover sind geschmückt mit bunten Bannern, auf denen christliche Zeichen wie Kelche und Hostien, Kreuze und Christusmonogramme Gläubigkeit demonstrieren. Nur ein großes „M“, das aus der bunten Gleichförmigkeit der Fahnen heraussticht, ist kein Hinweis auf die Muttergottes Maria, sondern auf eine Fastfood-Kette.
Den vielleicht stärksten Eindruck von der Stadt erhält, wer sie verlässt

und sich auf einem gegenüberliegenden Hügel in das Café mit Aussichtsgarten setzt. Die Kulisse überwältigt. Wenn der Blick von links nach rechts über das dichte Häusermeer gleitet, nimmt er die alten Synagogen des Judenviertels wahr, sieht, wie die Türme der Kathedrale Santa María die Dächer überragen und wie die mächtige Burg, der Alcázar de Toledo, herrschaftlich über allem thront, bevor das Gelände steil abfällt in die vom Tajo gegrabene Schlucht. Das Herz der alten Residenzstadt schlägt im Vergangenen. Es ist, als ragte sie nur widerwillig herüber in die Gegenwart.
Im Sommer stehen mir dann ein paar Tage zur Verfügung, die ich ganz der Stadt und ihrem berühmten Bewohner aus Kreta widmen kann. Mein erster Besuch gilt, Rilke zu Ehren, dem Hôtel de Castilla. Der Rezeptionist in meiner kleinen Herberge hat den Namen noch nie gehört. Das ist auch weiter nicht verwunderlich, denn das „Castilla" existiert nicht mehr. In dem immer noch imposanten Gebäude an der Plazuela San Agustín sind heute Büros eines Ministeriums untergebracht.

Was mich allerdings mit Rilke vereint, sind die Wege auf den steilen Anstiegen der Stadt. Sie erinnern mich ein wenig an Gergeri. Schwitzend und schmunzelnd erinnere ich mich an seine Formulierung, mit der er in einem Brief durchblicken lässt, wie sehr ihn die Spaziergänge in Toledo strapazieren: „Nur ists eine Sünde hier, wenn man, wie ich, den gymnastischen Menschen in sich so hat verkümmern lassen."
2014, zur vierhundertsten Wiederkehr seines Todestages, bestrahlt Toledo seinen griechischen Ausnahmekünstler mit hellem Licht. Die Kirchen und Museen, in denen seine Werke zu sehen sind, verzeichnen besonders großen Andrang. Aber auch auf der Straße ist er präsent. Unten beim alten Stadttor, der Puerta de Bisagra, stehen große Dreieckständer frei auf dem Bürgersteig, mit weithin sichtbaren Reproduktionen von Details aus El-Greco-Bildern. Auch wer nicht der Kunst wegen nach Toledo gekommen ist, begegnet hier dem graubärtigen Apostel Petrus, dem sorgenvoll dreinblickenden Humanisten Antonio de Covarrubias, dem offenen Antlitz des Erlösers („El Salvador") mit seinem rot-blauen Kleid auf den Schultern. Er sieht Hände und Finger und einen Koboldkopf und dunkle Augen in Bildausschnitten. „Fragmentos" heißt die Straßenausstellung, die die Kunst ins Freie bringt. Ich muss an Fodele denken, an die Gemäldereproduktionen auf dem Weg zum Museum. Was mich dort beeindruckte, bewahrheitet sich hier: El Grecos Bilder machen sich gut unter freiem Himmel; die Gemäuer der alten Stadt im Hintergrund bieten wie Fodeles grüne Hügel eine perfekte Kulisse.

Das Hospital de Tavera, das in der Ebene vor der Altstadt liegt, kommt mir – wie der Berg in Stavros – von Anfang an bekannt vor. Der in seinen Proportionen überzeugende Krankenhausbau aus den 1540er-Jahren war Schauplatz von Szenen in mehreren Filmen, darunter „Tristana“ und „Viridiana“ von Luis Buñuel. Aber weder Architektur noch Filmreminiszenzen haben mich hierher gebracht. Stattdessen sitze ich lange vor dem Altarbild in der Kirche, der „Taufe Christi“, und werde nicht satt, den Rhythmus, die Farben, die Lichtakzente, die Komposition dieses energetisch aufgeladenen Gemäldes auf mich wirken zu lassen. Ich bin kein Freund allzu konkreter Darstellung religiöser Sujets; zumeist habe ich in solchen Fällen Mühe, mich auf die Botschaft hinter dem vordergründig Dargestellten einzulassen. Hier nicht. Unten hält Jesus mit gefalteten Händen den Kopf hin und lässt ihn sich begießen; oben in den Himmelssphären sitzt – in der Darstellung ebenso eindrucksvoll wie problematisch – ein weißhaariger und weißbärtiger und in Weiß gekleideter alter Gott mit einer kleinen Weltkugel auf dem Schoß. Im Bildzentrum, zwischen dem himmlischen und dem irdischen Teil des Geschehens, schwebt die Geist-Taube, umhüllt vom weißen göttlichen Licht. Aber für die Lebendigkeit des Bildes sorgen die zahlreichen Engel, die oben um Gott und unten um Jesus sind. Sie sind die Träger der El-Greco-Farben, die man in vielen Bildern findet: El-Greco-Rot, El-Greco-Blau, -Grün und -Gelb. Johannes der Täufer wird in diesem Gewimmel von Gesichtern und Gestalten buchstäblich zur Randfigur; er steht im Halbdunkel. Nur seine Hand mit dem Wassergefäß, aus dem er Jesus begießt, reicht ins Zentrum des Bildes, bis nah an den Heiligen Geist. Er muss den Arm über zwei Engelsköpfe hinweg ausstrecken, um sein heiliges Geschehen zu vollziehen.

Die Taufe selbst wird auch als Einkleidung, als Investitur interpretiert. Die Engel halten für Jesus ein blaues und ein rotes Tuch bereit. Bald wird die fahle Haut seines Körpers von den Farben verhüllt sein, die auch in vielen byzantinischen Ikonen verwendet wurden: das rote Untergewand als Zeichen für seine göttliche, der blaue Überwurf für seine menschlich-irdische Natur.

Am meisten beschäftigt mich der Engel, der ganz links im unteren Teil der Szene zu sehen ist. Er ist genauso spitznasig wie der Engel der „Himmelfahrt“, der Rilke so in Bann gezogen hat, und sieht ihm auch durchaus ähnlich. Er ist der einzige Engel in Bodennähe, dessen Gefieder sichtbar ist. Mit offener Handfläche winkt er nach oben, und sein Blick folgt der Geste. Als wollte er Gott Vater und die anderen Himmlischen interessieren für das, was hier auf Erden geschieht. Seine Geste erinnert an das Ende der siebten Elegie, in der Rilke nicht den Anruf eines Engels an Gott, aber jenen eines Menschen an einen Engel schildert. „Wie ein gestreckter / Arm ist mein Rufen. Und seine zum Greifen / oben offene Hand bleibt vor dir / offen, wie Abwehr und Warnung, / Unfaßlicher, weitauf."

Die Kathedrale hat es Rainer Maria Rilke besonders angetan. Täglich, schreibt er, sitze er „unter dem riesigen Cristóbal", der „bis an den Ansatz der Wölbung reicht". Antonio Pau Pedrón, der Rilkes Aufenthalt in Toledo in einem bemerkenswerten Buch („Rilke en Toledo") nachvollzogen hat, vermutet mit gutem Grund, dass Rilke an der Figur des heiligen Christophorus weniger der Christus-Träger als das „Fährmannhafte" interessiert. Wie der Engel ist er in zwei Bereichen zu Hause, diesseits und jenseits des Flusses. „Ahnherr der Brücken, welche steinern schreiten", nennt der Dichter den Heiligen in seinem Gedicht „Sankt Christofferus", das fünf Monate nach dem Toledo-Aufenthalt in Paris entstand. Dann, als redete er tatsächlich vom Engel: „... und war erfahren auf den beiden Seiten und fühlte jeden, der hinüber muss."

Der riesige Christophorus beeindruckt mich auch, aber mein Besuch in der Kathedrale macht mich ihr nicht zum Freund. Überladen scheint sie mir, eine fromme Darstellung politischer Macht und wirtschaftlicher Fortüne. All die klingenden Namen auf den Gräbern in der Kirche: Fernan Gudiel, Alonso de Rojas, Fernando Díaz de Toledo und wie sie alle heißen, scheinen mir wie hilflose Versuche einflussreicher Männer, die eigene Bedeutung über den Tod hinaus in Stein zu meißeln. Vielleicht hat mich auch die Warteschlange vor der Eintrittskassa gegen die Kirche eingenommen und den letzten Anstoß dazu gegeben, dass meine zur Andacht nicht bereite Seele sekundenschnell in Skepsis ertrinkt und die Chor- und Orgelklänge, die die Informationen auf dem Audioguide feierlich untermalen, an mir vorbei in die Ewigkeit brausen.

Doch dann finde ich den Weg in die riesige Sakristei, und das Gemälde an ihrer Stirnseite entschädigt mich sofort für die leise Enttäuschung. Ein dröhnender Gongschlag von Rot wird hörbar, wenn das Auge dieses Bild zu sehen bekommt: „El Expolio", die Entkleidung Christi. Die Figur des Gefangenen Jesus nimmt den zentralen Raum ein; seine Augen sind zum Himmel gewandt. Sein rotes Kleid leuchtet stark und setzt die Häscher und Soldaten um ihn herum ins Dunkel. Im Vordergrund macht sich ein Kundiger schon am Kreuz zu schaffen, zwei weitere Figuren im Vordergrund – vermutlich Maria und der Lieblingsjünger Johannes – sowie eine Frau, die Maria Magdalena sein könnte, blicken auf das noch auf dem

Boden liegende Kreuz, anstatt auf den gefesselten Jesus, dem sie schon ans Kleid fassen, um es ihm vom Leib zu reißen. Es sind also mindestens zwei Szenen und unterschiedliche Zeiten im Bild festgehalten. Aber auch zwischen Jesus und seinen Häschern mit ihren ausdrucksstarken Gesichtern scheinen Welten zu liegen. Sie schicken sich an zu tun, was in ihren Augen getan werden muss, doch er ist längst anderswo. Sie werden ihm den Rock nehmen. Aber dieses Rot, diese strahlende, blutige, liebende Rosenfarbe werden sie ihm nicht nehmen können. Das Unzerstörbare des Mannes aus Nazaret ist für mich ein großes Thema dieses Bildes. Er mache in seinen Bildern Unsichtbares sichtbar, sagt man von El Greco. Und das liegt nicht daran, dass er Gott und Engel malte.
Auch eines der Rätsel El Grecos ist im „Expolio"-Gemälde deutlich zu sehen. Johannes legt seine linke Hand auf Marias Schulter, Jesu Rechte liegt auf seiner eigenen Brust. In beiden Händen liegen Mittel- und Ringfinger aneinander. Ein Fingerzeig, ein Symbol? Das Gemälde in der Sakristei ruft mich noch einmal zurück. Anstatt den Strömen zu folgen, die durch den Kreuzgang ins Freie gelenkt werden, kehre ich zurück in die Sakristei, präge mir den Hinweg ein, die freudige Überraschung, wenn das Rotsignal plötzlich von Ferne die Richtung weist. Könnte man ein Bild auswendig lernen wie ein Gedicht, ich wäre geblieben, bis ich es ohne zu stocken hätte aufsagen können.

Ein Bildgedächtnis wie eine Galerie, das würde ich mir wünschen unter all diesen Gemälden – besonders dort, wo ich keine Gedächtnisstütze mittels Kamera anfertigen kann oder diese aufgrund des Blitzlichtverbotes allzu wackelig ausfällt. Im Museo Santa Cruz stehe und sitze ich lange vor der „Himmelfahrt", die Rilke so fasziniert hat. Die Engelsflügel sind tatsächlich überzeugend, ich höre förmlich den Flügelschlag. Dann mache ich mich auf in Richtung jüdisches Viertel. Mein Ziel ist die Pfarrkirche von Santo Tomé, in der eines der bekanntesten Gemälde El Grecos zu sehen ist.
Im Vorraum der Kirche, der dem fast fünf Meter hohen Bild gewidmet ist, drängen sich die schaulustigen Massen. Das zieht eine Bahnhofsatmosphäre nach sich, ein Stimmengewirr, unter dem die Konzentration zur Betrachtung leidet. Aber das „Begräbnis des Grafen von Orgaz" besticht augenblicklich mit seiner Eleganz und seiner düsteren Feierlichkeit. Wieder sind unten und oben, irdische und überirdische Wirklichkeit, deutlich voneinander getrennt. Unten wird der verstorbene Graf von den Heiligen Stephanus und Augustinus zur letzten Ruhe gebettet; ein Priester liest die Messe, während Toledaner Herren in schwarzen Roben und

weißen Halskrausen vom Hintergrund aus die Szene beobachten. Das Gemälde muss den Menschen damals noch näher gestanden sein als den Heutigen, denn es handelt sich um ein Novum in der spanischen Malerei: ein Gruppenporträt. Die Gesichter sind bekannten Persönlichkeiten zuzuordnen. Im Vordergrund ist ein ebenfalls in Schwarz gekleideter Knabe zu sehen; das ist der Sohn und spätere Mitarbeiter El Grecos.
Das Dunkel der Gewänder, das sich über den Köpfen in schwarze Nacht fortsetzt, ist ein Hinweis auf Sarg und Grab. Im oberen, überirdischen Teil aber ist alles für die Auferstehung bereit. Jesus, Maria und die Heiligen erwarten die Seele des Verstorbenen, die ein Engel durch einen Wolkentunnel, einen himmlischen Geburtskanal nach oben geleitet. Die Federn seines nach unten gerichteten Flügels sind gespreizt wie die Finger einer Hand.

Ein großer Grieche in Spanien

Der leider auch in mir verkümmerte gymnastische Mensch braucht eine Pause; ich setze mich in einen kühlen Gastgarten und bestelle einen Gazpacho andaluz. El Grecos Bilder halten mich auch in Gedanken weiter gefangen. Was mich anzieht, ist das zutiefst Menschliche, das in den Bildern aufleuchtet, die in allem spürbare Sehnsucht nach Sinn und Wahrheit. Nach der intensiven Begegnung mit El Grecos Bildern holt mich die Fantasie aus dem Heute zurück in eine geträumte Vergangenheit. Es würde mich nicht wundern, kämen jeden Moment feine schwarz gekleidete Herren mit weißen Halskrausen und Damen in eleganten Reif- oder Glockenröcken des Weges. Ich wäre auch nicht überrascht, böge Don Quijote auf seiner Rosinante um die Ecke; sein Autor, Cervantes, ist nur zwei Jahre nach El Greco gestorben. Zudem könnte jeden Augenblick, in einem von Farben befleckten Mantel, Dominikos Theotokopoulos selbst an mir vorübereilen. Aber dann sehe ich Menschen, ganze Familien um mich, die schweigsam in die Betrachtung ihrer Mobiltelefone versunken sind. Viele Touristen aus fernöstlichen Ländern sind dabei; die Kultur des Smartphones verbindet die Hemisphären. Die Gegenwart hat mich wieder.
Von hier, vom Südwesten Europas aus denke ich an Iraklio und Epanosifi im Südosten des Kontinents. El Grecos große Reise hat eine gewaltige Brücke geschlagen. Die zwei Wörter seines Künstlernamens erzählen von allen drei Stationen seines Lebens. Der Artikel „el" stammt aus Spanien, aber hier müsste es eigentlich „El Griego" heißen, während man in

Italien „Il Greco“ sagen würde. Theotokopoulos nannte sich dort Dominico Greco.
Was verbindet Iraklio und Toledo? Die arabische Vergangenheit fällt mir ein. Aber in Spanien ist die Zeit muslimischer Herrschaft länger her als auf Kreta. Vermutlich ist das ein Grund dafür, dass sich hier viele an diese Zeit nicht nur als eine glücklich überwundene erinnern, sondern sie auch als Auftrag zu heutiger Besinnung verstehen. Unterwegs sind mir einige Plakate und Flugzettel aufgefallen, die zu christlich-muslimischen Dialogveranstaltungen einladen.
In der Umgebung wachsen hier wie dort Oliven und Feigen. Hier wie dort gehören Bürgerkrieg und Diktatur zur Geschichte des zwanzigsten Jahrhunderts; beide Länder hatten nach dem Zweiten Weltkrieg Schwierigkeiten, zur Demokratie zu finden. Nicht zuletzt sind Griechenland und Spanien derzeit auch Leidensgenossen in der europäischen Finanzkrise. „Wir sind sehr erleichtert zu sehen, dass es doch wenigstens einen Menschen im Land gibt, der mit 45 noch einen Job bekommen hat“, sagt mir ein arbeitsloser Spanier beim Frühstück. Er meint Felipe VI., den neu gekrönten König.

Das El-Greco-Museum Toledos befindet sich im alten jüdischen Viertel der Stadt. Allerdings lag die Vertreibung der Juden aus Spanien schon Jahrzehnte zurück, als Dominikos Theotokopoulos dort hinzog. Meine Reise verbindet zwei El-Greco-Häuser, die auch Museen sind: Fodele und Toledo. Hier sagt man jedoch unumwunden dazu, dass der Künstler, anders als seinerzeit angenommen, niemals in diesem verwinkelten Haus mit Keller und großzügig angelegtem Garten gewohnt hat. Trotzdem ist es ein perfekter Ort, sich mit dem großen Kreter auseinanderzusetzen.
In Venedig hatte sich der „Grieche“ dem Meister Tizian angeschlossen und auch bei Tintoretto studiert. Als „Schüler Tizians“ wurde er später in Rom empfohlen und lebte im Palazzo Farnese unter Künstlerfreunden. In Rom wurde für ihn vor allem Michelangelo prägend. Der war zwar schon seit einigen Jahren tot, aber sein Werk erfreute sich ungebrochener Strahlkraft.
Die Maler dieser Zeit waren davon abhängig, dass ihre Werke gefielen und bezahlt wurden. Ohne Auftraggeber gab es kein Überleben. Theotokopoulos muss sich in Venedig und Rom mehr und mehr von seinen byzantinischen Wurzeln losgesagt haben, erläutert der Kunsthistoriker Nikos Chatzinikolaou in Rethymno. Wäre er länger in Italien geblieben, seine Entwicklung als Künstler wäre vermutlich ganz anders verlaufen. Doch sowohl in Venedig als auch in Rom gab es alles andere als einen

Malermangel. Bei der hohen Dichte an talentierten Kollegen war es nicht leicht, an gut dotierte Aufträge zu kommen. Das dürfte mit ein Grund gewesen sein, warum El Greco sein Glück in Toledo versuchte. Über Spanier, die in großer Zahl in Rom lebten, kann es nicht allzu schwierig gewesen sein, die nötigen Kontakte zu knüpfen. 1577 kam er in Toledo an.

Sehr bald gelingt es dann dem Kreter hier, Aufträge zu lukrieren: eine „Anbetung des Namens Jesu" für König Philipp II., die „Entkleidung Jesu" für die Kathedrale und ein ganzes Altar-Ensemble für Santo Domingo el Antiguo. Theotokopoulos macht sich schnell einen Namen. Aber er bleibt mit seinen hohen ästhetischen Ansprüchen den Zeitgenossen auch fremd. Der König hält ein von ihm für das Kloster Escoriál bestelltes „Martyrium des heiligen Mauritius" für ungeeignet und gibt El Greco fortan keine Aufträge mehr. Doch der bleibt dennoch im Geschäft.
1586 feiert er mit dem „Begräbnis des Grafen von Orgaz" einen großen Erfolg. Nikos Chatzinikolaou vermutet, dass das der Zeitpunkt war, zu dem El Greco beschloss, sich für immer in Toledo niederzulassen. Er ist nun bekannt als einer, der auf seine eigene Weise malt, seine ästhetischen Überzeugungen durchsetzt. Von Anfang an, noch in kretischer Zeit, hat er seine Werke signiert – ungewöhnlich für einen Ikonenmaler, dessen Bestreben es eigentlich sein sollte, als Künstler hinter seinem Werk zu verschwinden. Dass er für seine Signaturen griechische Buchstaben verwendet, verbindet ihn mit seiner alten Heimat. Nach seinen kretischen Anfängen, seinen intensiven Richtungswechseln in Venedig und Rom und seinem Bemühen, sich nach den spanischen Vorgaben zu richten, beginnt er jetzt zu malen, wie er es für richtig hält. Ein kleiner Film im Museum macht anschaulich, wie sich sein Stil nach und nach verändert, wie er die kräftigen Farben Tizians reduziert und die plastischen Rundungen der in Rom erlernten Technik ebenso. Auch der Raum verliert an Bedeutung, mehr und mehr malt er wieder in der zweidimensionalen Fläche. El Greco ist kein Künstler der Renaissance. Bald lässt er den braunen Untergrund der Leinwand durchscheinen, die Gestalten werden in dic Länge gezogen, etwas Gespenstisches geht von ihnen aus. Der Pinselstrich wird leicht, fließend, dynamisch.
Neben religiösen Bildern und ganzen Altären verfertigt El Greco Porträts von höchster Ausdruckskraft. Seit seiner frühesten Zeit ist er darin ein Meister. Er malt Adelige, Gelehrte und Vertreter der Kirche, darunter den Großinquisitor Toledos, Kardinal Don Fernando Niño de Guevara,

mit einem sehr modernen Utensil: einer Brille mit runden Gläsern. Auf überzeugende Weise gelingt es ihm, seinen Bildern nicht nur eine große Ähnlichkeit mit seinen Modellen zu verleihen, sondern diese in ihrem Wesen zur Darstellung zu bringen. Berühmt sind seine Apostelserien mit Gesichtern aus dem Volk. Eine davon hängt in der Sakristei der Kathedrale, die andere – in Teilen unvollendet – ist im Museum zu sehen. Es sind allesamt Bilder, die schauen, die anschauen – zum Beispiel mich, den sonderbaren Betrachter, der nach Spanien gekommen ist, um nach Kreta zu suchen.

Verrenkte Körperhaltungen, nach oben gerichteter Blick, tränenverschleierte Augen, geheimnisvolle, expressive und nicht an der Natur Maß nehmende Lichtführung haben dazu geführt, dass man den Meister wahlweise eines Augenfehlers oder des Wahnsinns bezichtigt hat. Doch davon kann keine Rede sein.

Er ist anerkannt und bleibt trotzdem ein großer Fremder. In den Neunzigerjahren des 16. Jahrhunderts erhält ein heute kaum mehr bekannter Malerkollege den Auftrag, einen „Johannes den Täufer" zu malen – und zwar so, wie ihn der „Grieche" gemalt hat, nur „auf die in Spanien übliche Weise". „Das", sagt der Kunsthistoriker Chatzinikolaou, „sagt alles über El Grecos Position in der spanischen Gesellschaft."

Auch was die Zeit in Spanien betrifft, liegt vieles an seiner Biografie im Dunkeln. Der Künstler ist und bleibt im Schatten seiner Bilder. Die Auswertung handschriftlicher Anmerkungen in den Büchern seiner Bibliothek hat deutlich gemacht, dass Dominikos Theotokopoulos ein hochgebildeter, philosophisch denkender Mann war. An einer Stelle nimmt er die byzantinische Kunst gegen den Architekten, Maler und Buchautor Giorgio Vasari in Schutz, der sich herablassend über die „griechische Manier" geäußert hatte. Giotto sei viel einfacher als die griechische Kunst, notiert El Greco, denn diese „stellt uns vor die größten Schwierigkeiten". Nikos Chatzinikolaou sieht in diesem Satz nicht nur El Grecos Verteidigung der eigenen Herkunft, sondern ein deutliches Indiz für seine Zugehörigkeit zur Strömung des Manierismus, in deren Gedankenwelt die große Aufgabe des Künstlers vor allem darin gesehen werde, dass er Schwierigkeiten meisterhaft zu überwinden wisse.

Wer ist El Greco? Was ist aus ihm geworden? Es ist eine Biografie, die viel Raum für Deutungen lässt. Ist er Grieche geblieben, Spanier geworden oder ein früher Europäer? Was bedeutet die kretische Ikonenmalerei, mit der er seinen künstlerischen Weg begonnen hat, für den reifen Maler

in Toledo? Chatzinikolaou mahnt zur Vorsicht bei der Interpretation. Das Malen in der Fläche, die in die Länge gezogenen Figuren: Beides sei sowohl in der Ikonenmalerei als auch im Manierismus anzutreffen.
Und die Geste der offenen Hand, in der Mittel- und Ringfinger einander berühren? Wenn man sie einmal entdeckt hat, etwa bei dem berühmten „Bildnis eines Edelmannes mit der Hand auf der Brust", sieht man sie in vielen Bildern El Grecos immer wieder. Der Experte vermeidet eine Festlegung. Natürlich könnte das ein Zeichen sein und eine Bedeutung haben, von der man heute nichts mehr weiß. Es könnte sich aber auch schlicht um eine „Idiosynkrasie", eine Eigenheit des Malers handeln.
Meine Neugier ist geweckt. Die beiden aneinanderliegenden mittleren Finger sind auch auf Ikonen aus der Zeit El Grecos zu sehen. Oft deutet die Muttergottes so auf Jesus hin, dass es naheliegt, es als Hinweis auf die göttliche und menschliche Natur Christi zu interpretieren. Interessanterweise finde ich diese Fingergeste – soweit die fortgeschrittene Verwitterung eine Beurteilung zulässt – auch auf Fresken in der kleinen byzantinischen Kirche von Fodele. Die junge Dame, die dort Besucher durch die Kirche führt, ist Feuer und Flamme, als ich sie darauf aufmerksam mache. Sie verspricht, Erkundigungen einzuholen. Als ich einige Wochen später wiederkomme, erzählt sie mir von einem Kunstprofessor, der ihr den Hinweis gegeben habe, die zwei aneinanderliegenden Finger seien so etwas wie ein Erkennungszeichen der Mitarbeiter im Atelier El Grecos gewesen. Das ist eine Antwort, die auch von Führern im Prado-Museum zu hören ist. Aber sie überzeugt mich nicht. Selbst wenn es ein solches Schulzeichen wäre: Warum wurde dieses und nicht ein anderes gewählt? Warum findet man es auf vielen, aber längst nicht auf allen Bildern? In einem Buch über griechische Ikonen wird diese Geste mit dem Einfluss des italienischen Manierismus auf die byzantinische Ikonenmalerei erklärt. Allerdings sind etwa im Benaki-Museum von Athen Beispiele von, wie ich sie nenne, „El-Greco-Händen" zu sehen, die aus der Mitte des 15. Jahrhunderts stammen, lange vor der Epoche des Manierismus.
Viel ist über die Bedeutung der Geste spekuliert worden. Bei dem „Edelmann mit der Hand auf der Brust" vermuten einige Forscher, wie erwähnt, eine Schwurgeste mit der Hand auf dem Herzen. Eine andere Theorie besagt, es handle sich um ein Zeichen von „Geheimjuden", die einander in Zeiten der katholischen Reconquista damit zu erkennen gaben. Wieder andere führen die Handhaltung auf Ignatius von Loyola zurück und verstehen sie als Zeichen des Schuldbewusstseins und der Reue. Die amerikanische Autorin Adrienne Rich nannte die Geste „Pseudosyndaktylie", weil sie aussieht, als wären die Finger zusammengewach-

sen. Sie interpretierte diese Handhaltung als einen Hinweis auf das Stillen, auf die ihr Kind nährende Mutter oder Muttergottheit. El Grecos Hände mit den scheinbar zusammengewachsenen Fingern wären in diesem Deutungshorizont als religiöses Symbol zu betrachten, nämlich als Bitte um spirituelle Nahrung, um Erlösung oder Unsterblichkeit, wie sie die göttliche Mutter geben kann.
Auf jeden Fall verweisen die El-Greco-Hände auf ein Rätsel, das nicht ganz zu lösen sein wird. Wir wissen nicht, was El Grecos eigene Interpretation war, wenn er Hände auf diese rätselhafte Weise malte. Völlig ungeschützt und ohne Anspruch auf wissenschaftliche Beweisbarkeit sehe ich in den beiden dicht aneinanderliegenden Fingern auch einen Hinweis auf die „beiden Bereiche“, die in der Malerei El Grecos eine so dominante Rolle spielen. Ein Zeichen der Transzendenz. Viele seiner Bilder sind zweigeteilt in einen unteren, irdischen und einen oberen, überirdischen oder himmlischen Teil. Selbst die Porträts zeigen die dargestellten Menschen nicht nur in ihrer körperlichen, sondern auch in ihrer geistig-seelischen Präsenz. Mir erscheint es dann auch als mögliche Interpretation, in den langgezogenen, aus aller menschlichen Proportion gefallenen Figuren eine Kraft zu vermuten, die nach oben, ins Geistige zerrt und zieht. „Eines ist klar: Die Bilder El Grecos sind geprägt von einer tiefen Spiritualität“, hat mir Denise Alevizou aus dem Museum in Iraklio mit auf den Weg gegeben.

Vor dem Jesus des Apostelzyklus im El-Greco-Museum von Toledo stehend, meine ich, dem byzantinischen Ikonenmaler Theotokopoulos zu begegnen. Die Farbsymbolik, der Blick, das alles scheint mir klar auf seine kretische Herkunft zu verweisen. Nikos Chatzinikolaou verweigert jede Art von nationalistischer Heimholung des Auslandsgriechen. Aber auch er zitiert ein Gemälde, das deutlich in El Grecos Vergangenheit weist. Von dem Bild „Jakob als Pilger“ im Museo de Santa Cruz, das auch eine Jesus-Darstellung sein könnte, sagt er unumwunden: „Das ist ein byzantinisches Bild.“
Dominikos Theotokopoulos ist nie wieder nach Kreta zurückgekehrt. Aber seine künstlerische Heimat hat ihn gehalten und gerufen. Er hat sie nie ganz verlassen, sondern erweitert und bereichert. Lange stehe ich vor den Aposteln und denke zurück an die Insel seiner Herkunft. Epanosifi steht mir vor Augen. Ich stelle mir vor, mit Dominikos Theotokopoulos durch die Klosteranlage zu spazieren. Was würde er zu den Ikonostasen sagen, zur angeblich „verbesserten byzantinischen Kunst“, die sich dort zeigt? Wir würden mit den Mönchen unter der Platane sitzen, Va-

ter Ephrem würde Kaffee und Wasser bringen, und El Greco würde uns Staunenden von Spanien erzählen, von Rom und Venedig. Viel Frieden geht von dieser Vorstellung aus. Dominikos Theotokopoulos würde reden bis zum Abend, bis Vater Ephrem mit seinem Klangholz zum Gebet riefe, unterbrochen nur von Vater Dorotheos, der ihn eindringlich fragen würde, warum er, wie allgemein angenommen, zur katholischen Kirche konvertiert sei. Aber angesichts der Größe des Gastes würde er die Kritik, die in dieser Frage liegt, mild und lächelnd vortragen.
Ich gehe weiter, grüße jeden der Apostel, und finde ein sehr bekanntes Bild: „Anblick und Plan Toledos". Es ist eine freundliche, weniger der Schlaflosigkeit als der Hellsichtigkeit entstammende Sicht der Stadt. Das Hospital schwebt auf einer Wolke, ein junger Bursch hält einen Stadtplan in das, was damals noch keine Kamera war. Dahinter, sehr detailreich: die über dem Hügel ausgegossene Stadt, über der, zu einem Knäuel zusammengeballt, Engel tanzen. Wieder wandern die Gedanken zurück ins Kloster. Aus der Toledaner Ferne erscheint mir Epanosifi wenn nicht als Stadt, so doch als ein Dorf „Himmels und der Erden".

Die Perle in der Muschel

Auf der Plaza de Zocodover gibt es einen markanten Torbogen. Durchschreitet man ihn, kommt man zu einer Treppe, die nach unten führt, zu einer lebensgroßen Statue des Don Quijote. Touristen legen dem liebenswerten Tölpel den Arm für ein Foto auf die Schulter. Bleibt man aber oben auf dem Platz, so führt der Blick durch den Torbogen ins Weite. Es kommt der Moment, an dem das wohltut nach all der Enge der Gassen. Eigentlich bin ich, randvoll mit Eindrücken, zur Abreise bereit. Aber ich möchte noch einen kleinen Rundgang machen, diesmal an der Seite eines Mannes, der den großen Kreter seinen „Ahnherrn" nennt.

Im September 1926, fast vierzehn Jahre nach dem Besuch Rainer Maria Rilkes in Toledo, kommt für El Greco sozusagen Besuch von zu Hause. Nikos Kazantzakis betritt die Stadt. Am Tag zuvor war er noch in Madrid, aber auch da schon umgeben von Bildern des Malers aus Iraklio. An seine Partnerin Eleni Samiou schreibt er: „Es ist schmerzhaft, die El Grecos im Madrider Museum zurückzulassen. Ich bemühe mich, all die Gesichter, Flügel, Engel, Menschen, Farben im Gedächtnis zu behalten. Ich werde sie nie wiedersehen." Dann, am Tag der Ankunft, schildert er seine Gefühle so: „Ich bin in El Grecos hoher, asketischer Operationsbasis an-

gelangt. Während der gesamten Reise von Madrid hierher klopfte mein Herz." Seit seiner Kindheit, so Kazantzakis, habe er sich danach gesehnt, den „erstaunlichen Genossen" zu besuchen. Jetzt, da er die Stadt betreten hat, durch die Straßen wandert und endlich zu El Grecos Garten gelangte – man dachte damals, Theotokopoulos habe tatsächlich am Ort des späteren Museums gewohnt –, „segnete ich wieder einmal den Moment, in dem ich geboren wurde". Als er am nächsten Tag dann im El-Greco-Museum vor den Bildern steht („die Farben, die Helle, die göttlichen Hände"), ist er an einem Ziel angekommen. „Einer der herrlichsten Tage meines Lebens ... Heute habe ich meine Seele gefühlt wie niemals zuvor. So stürmisch war diese Begegnung zweier Kreter."
Anders als Rilke wird Kazantzakis nicht zum großen Liebhaber der Stadt. „Toledo ist nicht, was ich erwartet hatte ... Die Landschaft von Toledo ist nicht so tragisch, wie ich sie mir wünschen würde ... Sie erinnert mich stark an Kreta, in der Nähe von Knossos. Oliven, Lehmboden."
Später widmet Kazantzakis in seinen „Taxidevontas", den Reiseberichten aus Spanien, Toledo ein Kapitel. Gleich zu Beginn redet er in spöttischem Ton über die Stadt. Er erinnert an die alte Vorstellung, dass jedem Menschen ein Teufel und ein Engel auf den Schultern sitzen. Die beiden versuchen, auf die Entscheidungen des Menschen Einfluss auszuüben. Der Teufel schimpft dünnlippig über die „autokratische Stadt", die eine „fette, überladene Gouvernante" sei: „Welch stinkende Straßen, welch hässliche Frauen, welch unerträgliche Horden von Touristen, wie langweilig! Lass uns abreisen." Aber der Engel flüstert ihm ins Ohr: „Lass uns gehen und Greco sehen."
Die Flusssteine sind für den Schriftsteller besonders bewegend. Dort, in den Felsen des Tajo, habe er die Seele El Grecos am tiefsten empfunden, schreibt er an Eleni. Und im Reisebericht führt er aus: Das seien Felsen, die auch El Greco gesehen habe; da müssten noch Spuren vom Feuer seines Blicks an den Steinen zu finden sein. Anders als die spanischen Maler habe El Greco ein „jungfräuliches Auge" gehabt. „Er sah die Schönheit Toledos, spürte aber auch seinen Niedergang." Die Sonne, sagt Kazantzakis, stand damals schon im Westen. Was El Greco für Toledo auch bedeuten mag, schildert Kazantzakis anhand einer Begegnung mit einem jungen Burschen, den er bittet, ihm den Namen eines schönen blauen Vogels zu verraten. Den brauche man doch nicht zu kennen, antwortet der Bursch, man könne ihn ja sowieso nicht essen. Der Name El Grecos allerdings ist ihm bekannt. „Ihn kann man sehr wohl essen", erklärt Kazantzakis. Denn er bringe die Amerikaner, die Touristen in die Stadt.

Bei Kazantzakis über El Greco zu lesen heißt, die Bilder noch einmal zu sehen, aber ganz anders. Der Dichter sieht im Werk des Malers auch sich selbst, wenn er es vor allem als Kampf beschreibt. El Greco habe „den Pinsel genommen wie ein Schwert". Die Flügel der Engel habe er so groß gemacht, dass sich „die Kirche fürchtete". Der Kampf, von dem Kazantzakis redet, ist der Angriff des Geistes. Neben den strahlenden Farben sieht er die Blässe des Fleisches in den Bildern El Grecos, es sei „wie vom Geist verzehrt". Die Apostel zum Beispiel: Sie haben Feuer gefangen. „Die Gesichter sehen wie Geister aus, wie von einem Blitz beleuchtet."

Ungeheures sieht Kazantzakis, wenn er El Greco betrachtet. Einer der Apostel, schreibt er, habe die Hände gekreuzt über den Kopf gelegt, um sich vor dem Geist zu schützen. Dabei werden seine Hände blutig. „Da ist der Leib, der verwest, und der Geist ist ein Bogen, der das Instrument zerbricht." El Grecos Licht ist für Kazantzakis eine gewalttätige, furchterregende Bewegung. Es kommt nicht von der Sonne, sondern von einem tragischen Mond. El Greco zeigt das Leid der Körper, er „zieht sie in die Länge, verbrennt sie". Schritt für Schritt verliert der Körper Materie, „wird durchsichtig und hell wie eine Seele". Wie ein Alchemist versteht es El Greco, den Körpern Körperlosigkeit zu verleihen.

Viele Menschen würden im Älterwerden ruhiger, sagt Kazantzakis, aber El Greco wird immer wilder, sein Puls schneller, sein „Wahnsinn" immer fruchtbarer. In den letzten Gemälden, im „Laokoon" zum Beispiel, sind die Körper keine Körper mehr, sondern Flammen. „Die Seele des Menschen kommt aus dem Körper." Der späte El Greco hat sich freigekämpft, er kann alles tun und hat auch den Mut dazu. „Er ist Seele und Körper, ein Schwert."

Dann die Porträts des Meisters: so intensiv, dass man Gänsehaut bekomme. „Greco empfindet den Körper als Hindernis, und doch als einzige Möglichkeit, der Seele Ausdruck zu verleihen ... Die Seele ist unsichtbar wie die Perle in der Muschel. Er will sie sichtbar machen." Dabei umgebe sein Malen auch etwas wie ein metaphysischer Schauer. Die Körper seien noch erkennbar, aber „ihre Wärme ist weg, sie kommen vom Purgatorium, vom Himmel, zurück in die Flammen der Erde".

Die „zwei Bereiche" stehen einander kämpfend gegenüber. Dennoch: „Manchmal kommt die Liebe der Erde in die Körper." Den Engel in der „Himmelfahrt Mariens", der Rilke so inspiriert hat, beschreibt Kazantzakis so: „Die Engel haben feste Körper. Die Nase geht nach oben, voller Stolz. Ein Engel stößt mit den Schultern die Muttergottes in den Himmel. Man bewundert seine Kraft. Dabei fühlt man die eigenen Schultern, die eigene Brust, als würde man die ganze Erde in den Himmel heben."

Die Erde in den Himmel heben: Da redet Kazantzakis vermutlich von sich selbst, von seiner poetischen Aufgabe, den Weg empor zu suchen, den Weg der Vergeistigung und der Transformation. Es gibt keinen Hinweis, dass er von Rilke wusste. Wären aber die beiden einander begegnet, sie hätten weiß Gott miteinander etwas zu reden gewusst. Im Verständnis ihrer „großen Arbeit" der Verwandlung des Irdischen waren sie einander nahe. Am Ende teilten sie auch die Krankheit zum Tode, die Leukämie.

Der Zug fährt an, Toledo liegt hinter mir. Es zieht mich zurück nach Kreta, nach Iraklio, nach Epanosifi. In meinen Händen liegt die „Rechenschaft vor El Greco", Nikos Kazantzakis' Rückschau auf sein Leben. Mit ihm spüre ich noch einmal das Flammende, das Brennen in den Bildern des großen Malers, den er am Ende seines Buches direkt anspricht: „Du gingst voran, und ich folgte dir; du lehrtest mich, dass die Flamme in uns, der Natur des Fleisches entgegengesetzt, mit den Jahren immer stärker werden kann. Deswegen sah ich dich und bewunderte es, dass du, je älter du wurdest, desto unnachgiebigere wilde Züge bekamst; je mehr du dich dem Abgrund nähertest, desto mehr lehntest du dich auf; und du warfst die Körper, heilige Edelherren, Mönche, in den Feuerofen deines Auges, du ließest sie schmelzen wie Metalle, du säubertest sie vom Rost und holtest das reine Gold, ihre Seele, hervor."
Kein Satz könnte besser als dieser beschreiben, was auch ich in meinen Toledaner Tagen erleben durfte: „Welcher Schrecken, welche Freude, herumzugehen und eine große Seele ihre Flügel über dir schlagen zu spüren."

KAPITEL 11

VON TOLEDO NACH EPANOSIFI

Europas feine Fäden

„Ich bewundere die Seele des Menschen.“
Nikos Kazantzakis, Rechenschaft vor El Greco

Kalamaras heißt das Wort, mit dem Alexis Sorbas seinen Boss beschimpft, weil er sich nicht ins Leben wagt: Tintenkleckser, Schreiberling, Büchermensch. „Kalamaras“ heißt auch eine kretische Taverne im Londoner Stadtteil Bayswater. Das Restaurant, dem man nachsagt, es habe als Erstes seiner Art wirklich kretisch-griechische Kost serviert und nicht das, was man allerorten dafür hielt, wurde schnell zum Treffpunkt einer illustren Gesellschaft. Schauspieler, Musiker, Stars unterschiedlicher Provenienz gingen hier ein und aus. Auch die Beatles verkehrten gerne im „Kalamaras“. Man erzählt, Paul McCartney habe dem Besitzer eine seiner für Linkshänder bespannten Gitarren geschenkt. Man erzählt weiter, dessen Schwiegermutter habe das wertvolle Instrument in einer Nacht-und-Nebel-Aktion für ein paar Flaschen Hochprozentiges versetzt. Ein Ort mit vielen Geschichten also, ein legendäres Restaurant, das leider nach einem Besitzerwechsel viel von seinem Glamour eingebüßt hat.
Der Sohn des Gründers, der in jungen Jahren an der Seite seines Vaters im „Kalamaras“ arbeitete, erzählt mir beim Frühstück in Iraklio noch eine zweite Geschichte. Sie sagt alles über die Prinzipientreue des kretischen Wirtes, der auch im fernen London seiner Insel verbunden blieb. Eines Abends betrat, in junger Begleitung, keine Geringere als Hollywood-Diva Faye Dunaway das Restaurant. Noch bevor sie die Speisekarte studiert hatte, bestellte sie ein Glas Gin Tonic. Das brachte den Kellner in Verlegenheit; er wandte sich umgehend an den Chef. Der wiederum dachte keine Sekunde daran, für den berühmten Gast schnell jemanden loszuschicken, um in einer Bar eine Flasche Gin zu erstehen. Vielmehr pflanzte er sich vor der Diva auf und erklärte ihr ebenso höflich wie bestimmt, dies sei nun einmal ein kretisches Restaurant, hier gebe es keinen Gin Tonic, sondern Ouzo und Retsina. Für den Gin Tonic müsse sie sich bitteschön woanders hinbemühen. In einer Stimmungslage, die irgendwo zwischen wütend, enttäuscht oder verärgert gelegen sein dürfte, soll Faye Dunaway daraufhin das „Kalamaras“ verlassen haben. Keine halbe Stunde später jedoch sei sie wiedergekommen, versichert mein Gesprächspartner, und habe einen wunderbaren Abend verbracht.
Dass Griechinnen und Griechen, Kreterinnen und Kreter ihre Heimat verlassen und nach Westeuropa ziehen, ist kein neues Phänomen und nicht allein der aktuellen Krise geschuldet. Als Arsenios Kardamakis aus

Epanosifi aufbrach, um nacheinander in Aachen, Karlsruhe, Paris und Wien zu wirken und zu leben, fand er überall seit langem bestehende griechische Gemeinden vor.

In Wien sind die Griechen eng mit der Geschichte der Stadt verbunden. Noch im ersten Jahrtausend kamen griechische Kaufleute hierher. Durch die Heirat einiger Babenberger-Fürsten mit griechischen Prinzessinnen wurden Elemente der byzantinischen Kultur in Österreich bekannt. Nach dem Fall Konstantinopels und dann wieder ab dem 17. Jahrhundert verstärkte sich der Zuzug; die Griechen brachten den Handel mit der Levante zum Blühen. Auch innerhalb der österreichisch-ungarischen Monarchie setzten sie kräftige Handelsimpulse. Dass der griechisch-orthodoxe Metropolit von Österreich auch für Ungarn zuständig ist, weist in die Zeit der Monarchie zurück.

Der griechische Einfluss auf Kunst und Kultur war beträchtlich. Als leuchtendes Beispiel wäre der Unternehmer Nikolaus Dumba (1830–1900) zu nennen. Der schon in Österreich geborene Sohn eines griechischen Migranten wurde zu einem wichtigen Kunstmäzen und war mit Malern wie Hans Makart oder Gustav Klimt und mit Musikern wie Johannes Brahms oder Johann Strauss befreundet. Auch als Vizepräsident der Gesellschaft der Musikfreunde machte er sich einen Namen.

Einer der wichtigsten Wiener Architekten des 19. Jahrhunderts, der Däne Theophil Hansen, wurde von Griechen nach Wien vermittelt. Zu Studien des antiken Erbes nach Athen gekommen, wurde er dort bald ein gefragter Mann. Er war, zum Teil gemeinsam mit Ernst Ziller, der Architekt der „Athener Trilogie“, jener schon bei der ersten Busrundfahrt ins Auge stechenden Ballung neoklassizistischer Bauten (Universität, Akademie und Nationalbibliothek) im Zentrum Athens. Außerdem plante er die Sternwarte und das Zappeion, ein großes Ausstellungs- und Kongresszentrum der Stadt. Schon in Athen hatte er Aufträge der griechischen Bankiersfamilie Sina übernommen. Die Sinas waren maßgeblich daran beteiligt, dass der berühmte Däne nach Wien kam, wo er deren Palais entwarf – und auch sonst einiges, was aus dem Wiener Stadtbild nicht mehr wegzudenken ist: das Reichsratsgebäude (heute: Parlament), die Börse, die Akademie der bildenden Künste, die Palais Epstein und Ephrussi und viele weitere private und öffentliche Gebäude. Auch beim Umbau der griechisch-orthodoxen Kathedrale am Fleischmarkt hat er seine Handschrift hinterlassen. Im El-Greco-Jahr 2014 widmete das Athener Theocharakis-Zentrum auch „Theophilos“ Hansen, dem Architekten, der wie kein anderer Österreich und Griechenland verbindet, eine Ausstellung.

Sogar die Kaffeehauskultur, für die Wien zu Recht berühmt ist, hat von Griechen einen wesentlichen Impuls erhalten: Ein gewisser Johannes Theodat aus Konstantinopel eröffnete 1685 das erste Wiener Kaffeehaus, und zwar ganz in der Nähe des noch heute sogenannten Griechenviertels. Um die Wende zum 18. Jahrhundert schenkten schon vier Griechen Kaffee aus. Wien war bis zur Befreiung Griechenlands vom osmanischen Reich und zur Errichtung des Nationalstaates ein wichtiges Zentrum der Diaspora. Hier wurden aufklärerische Zeitungen herausgegeben, die zum Kampf gegen die Besatzer ermutigten.

Für Nikos Kazantzakis wurde Wien, wie schon angesprochen, in mehrfacher Weise bedeutsam. Hier erhielt er einen Eindruck von der schrecklichen Armut der Zwanzigerjahre, hier befiel ihn erstmals seine rätselhafte Hautkrankheit, die sein Gesicht entstellte und ihm, nicht untypisch für das Wien Freuds und der Psychoanalyse, mit seelischen Ursachen erklärt wurde. Hier tauchte er aber auch in die Welt des Buddhismus ein, die zu einem wichtigen Bestandteil seines Denkens wurde.

Nach dem Zweiten Weltkrieg waren es Tausende Griechen und Kreter, die nach Deutschland und Österreich kamen, um sich als Gastarbeiter zu verdingen. Udo Jürgens hat ihnen und ihrem Heimweh mit dem Schlager „Griechischer Wein“ eine Hymne gewidmet, die es in Deutschland, Österreich und auch in Griechenland fast bis zum Volkslied geschafft hat.

El Greco und Europa

Europa ist eben mehr als ein zufälliges Nebeneinander sorgsam abgegrenzter Nationalstaaten, mehr auch als eine mühsame Initiative, gemeinsame Wege in Politik und Wirtschaft zu finden. Es ist vor allem ein dichtes Geflecht von Beziehungen und Bezügen. Feine Fäden der Kultur, der Geschichte, des Denkens und Fühlens, der Literatur und der Kunst spannen sich über den Kontinent und bilden an den überraschendsten Stellen – längst nicht nur an den Höfen der Mächtigen – Knoten und Anknüpfungspunkte. Natürlich endet dieses Geflecht nicht an den Grenzen Europas, sondern spinnt sich weiter in den Nahen Osten, nach Russland und Asien, nach Afrika oder in die Neue Welt. Aber in Europa ist es besonders dicht. Selbst in dunklen Zeiten von Krieg und Zerstörung zerreißt es nicht ganz. Alles ist mit allem verbunden. Niemand kann sich vollständig und für immer abschotten. Was der eine leidet, betrifft irgendwann und irgendwie auch immer den anderen. Es wäre eine Illusion zu glauben, die Schockwellen der europäischen Finanzkrise, die Grie-

chenland so hart getroffen hat, würden irgendwo zwischen Festland und Inseln verebben und nicht noch Jahre und Jahrzehnte über den Kontinent gehen.
Es ist nicht gleichgültig für Europa, wenn Menschen, sei es am Rand oder im Zentrum des Kontinents, in Armut getrieben werden. Es ist nicht gleichgültig, wenn mancherorts der alte Faschismus in frisch gewichste Stiefel steigt. Es ist nicht gleichgültig, was der Einzelne fühlt und denkt und schreibt. Es ist nicht gleichgültig, würde Nikos Kazantzakis sagen, ob wir nach oben unterwegs sind oder nach unten.

Rainer Maria Rilke hat für seine Dichtung die altgriechische Mythologie intensiv studiert, war aber selbst nie auf Kreta oder in Griechenland. Dennoch taucht er plötzlich und unvermutet in Epanosifi auf. Als wir in einer Drehpause im Empfangsraum des Klosters zusammensitzen, sagt unser Tonmeister, Vangelis, plötzlich wie aus heiterem Himmel: „Ich lese jetzt Rilke." Dabei weiß er nichts davon, dass ich in meinen kretischen Recherchen auch schon auf ihn gestoßen bin. Ich frage nach. Als es ihm nach dem Ende einer Liebesbeziehung nicht gut ging, erzählt Vangelis, habe ihn ein Freund auf Rilke aufmerksam gemacht. Jetzt lese er dessen „Briefe an einen jungen Dichter", auf Griechisch natürlich, mit Begeisterung. Er hat das Buch auch mitgenommen auf unsere Drehreise. Ich bin überrascht, das zu hören. Aber wirklich erstaunlich ist es nicht. Die Fäden Europas, sie binden zusammen – auch das, was in dunklen Phasen der Geschichte auf furchterregende Weise auseinanderdriftet.
Mein Rückweg von Toledo nach Madrid hält noch einen Höhepunkt bereit. Ein ganzer Tag steht für einen abschließenden Besuch im Museo del Prado zur Verfügung. Der Einlass in die große Sonderschau „El Greco und die Moderne" ist zeitlich gestaffelt. Ich nutze die Wartezeit, um noch einmal den El-Greco-Saal im Hauptgebäude aufzusuchen und vor jener Kreuzigungsszene auf tiefschwarzem Hintergrund innezuhalten, die Nikos Chatzinikolaou als eine der schönsten je gemalten Kreuzigungen bezeichnet. Noch einmal studiere ich, was mir, dem kunsthistorischen Laien, in der Zeit der Auseinandersetzung mit El Greco so viel nähergekommen ist: sein Malen in der Fläche, die nur am Anfang irritierende „Elongation" oder Verlängerung der Figuren, der Rhythmus der Elemente, die Farben, das Fließen, das geheimnisvolle Licht. Die tiefe Mystik, die über dem Geschehen liegt.
Das Werk des Dominikos Theotokopoulos fand über seinen Tod hinaus zunächst wenig Zuspruch. In Zeiten der Gegenreformation waren kla-

re, leicht verständliche Bilder erwünscht, ein kräftiger Naturalismus, mit dem der spanische Kreter nicht aufwarten konnte und wollte.
Umso überraschender ist, was geschah, nachdem ihn sozusagen Kronos wieder ausgespuckt hatte. Ende des 19. Jahrhunderts begann eine wahre El-Greco-Manie. Sein Werk wurde ausgestellt, beschrieben, studiert, kopiert, bewundert. Er wurde zum großen Impulsgeber einer ganzen Epoche, und in besonderem Maße der Künstler des Expressionismus. Die Schau im Prado lässt vor Ehrfurcht erschauern. Der einstige Ikonenmaler aus Kreta zündet im Abstand von einigen Jahrhunderten ein wahres Feuerwerk. Plötzlich ist er wieder da, nicht nur in Toledo und Madrid. Europa- und weltweit wird er zur Instanz.
Große Maler wie Pablo Picasso und Paul Cézanne nehmen seine Impulse auf. Besonders das späte Laokoon-Gemälde wird zum Vorreiter des Expressionismus. Sowohl der Kubismus als auch der Surrealismus sind stark von ihm beeinflusst. Marc Chagall, Franz Marc, Lovis Corinth, Max Beckmann, Édouard Manet, Henry Moore, Jackson Pollock, Diego Rivera, Oskar Kokoschka und viele andere sehen in dem Auslandskreter einen großen Meister ihrer Zunft und studieren ihn eingehend. Was für eine unfassbare Genugtuung wäre es für Dominikos Theotokopoulos gewesen, durch diese Räume zu gehen. Da hängen seine Originalgemälde an den Wänden des Prado und stehen in intimen Gesprächen mit Jahrhunderte später entstandenen Werken. Dabei ist es nicht die religiöse Bilderwelt, die die späteren Maler fasziniert, sondern das, was er aus ihr gemacht hat. Sie kopieren ihn nicht, sondern machen seine Impulse für sich fruchtbar. Marc Chagall nimmt sich eine Greco'sche „Verkündigung" zum Vorbild, ersetzt aber den Engel durch eine Muse und die Jungfrau Maria durch den Künstler, der auf die Inspiration wartet. Damit ist ganz nebenbei auch etwas über eine – bei aller notwendigen Distanz – innere Verwandtschaft von Kunst und Religion angedeutet.
Interessanterweise galt vor allem das El-Greco-Porträt des „Edelmannes mit der Hand auf der Brust" als Inbegriff spanischer Kultur. Der in Paris lebende Italiener Amedeo Modigliani, ein Künstler im Umfeld Picassos, in dessen Porträts auch ein Zug zur Verlängerung der Figuren sichtbar ist, greift in einem Bild die Zwei-Finger-Geste El Grecos auf und spielt mit ihr in einer Porträtserie. In der Darstellung, die am ehesten an das berühmte El-Greco-Bild erinnert, grüßt Modigliani über die Jahrhunderte zurück, indem sein Modell, ein Mann namens Paul Alexandre, Mittel- und Ringfinger ganz bewusst auseinandernimmt und mit den vier Fingern seiner auf die Brust gelegten Hand ein „V" formt.
El Greco hat übrigens nicht nur die Malerei, sondern auch die europä-

ische Literatur inspiriert; Rilke ist nur ein Beispiel dafür. Die Schriftsteller Théophile Gautier und Charles Baudelaire stehen am Anfang der Greco-Begeisterung, die mit einer Ausstellung im Louvre schon 1838 einsetzte. Beide betrachteten den kretischen Spanier mit romantischen Augen.

El Greco ist längst tot und verschwunden. Es gibt kein Grab; seine sterblichen Überreste gingen verloren. Aber seine Bilder sind da, sprechen wie eh und je, werden verstanden und missverstanden. Sie sind offen für immer neue, immer andere Interpretationen und Fragestellungen. Rainer Maria Rilke, tief versunken in die Ideenwelt der „Elegien", sah in ihnen etwas anderes als der in geistige Kämpfe verstrickte Nikos Kazantzakis, als die Kunstrevolutionäre Paul Cézanne und Pablo Picasso und natürlich auch etwas anderes als zeitgenössische Kunsthistoriker, Besucherinnen und Besucher von heute.

Warum bewegt sein Werk noch immer?

„El Greco galt als verrückt", schreibt Kazantzakis in seinem Reisebericht. „Ein Verrückter sieht die Dinge 24 Stunden vor den anderen. Greco sah sie Jahrhunderte vorher." Erst jetzt, argumentiert Kazantzakis in den Zwanzigerjahren des vorigen Jahrhunderts, würden das Ringen um die Seele und die Ängste, die er damals zum Ausdruck brachte, verständlich und von den Zeitgenossen geteilt.

Und heute, wiederum Jahrzehnte nachdem Kazantzakis dies schrieb? Was zog im Jubiläumsjahr so viele Menschen nach Toledo und in den Prado? Vielleicht ist es noch immer die Unruhe, die Kazantzakis und viele andere in den Erschütterungen des 20. Jahrhunderts nach Toledo trieb. Vielleicht ist es neben dem Staunen über einen vollendeten Künstler, neben der Berühmtheit seines Namens aber auch eine Sehnsucht nach Mystik und Spiritualität, nach einem Ausblick in eine Transzendenz, die eine auf sich selbst zurückgeworfene Welt nicht mehr bieten kann.

Die Stille von Epanosifi

Unmittelbar nach meinem Besuch in Toledo und Madrid komme ich wieder ins Kloster Epanosifi. Meinen Mönchsfreunden habe ich kleine Geschenke mitgebracht, Postkarten mit Reproduktionen der Apostel El Grecos. Der rotlockige, androgyne Johannes ist dabei, mit seinem Kelch, in dem sich eine Schlange ringelt. Oder Judas Thaddäus, der sich in heilloser Trauer an seiner Lanze festhält, das Bild einer „ergebnislosen Schlacht", wie Kazantzakis festhält. Oder Bartholomaios in seinem

weißen, vielleicht noch nicht zu Ende gemalten Gewand, der sein Messer mit solchem Stolz und solcher Leichtigkeit trägt, als wäre es eine Feder, mit der er schreiben wollte. Und Christus natürlich, der seine Hand zum Segen hebt, mit einem milden, gar nicht triumphalen, melancholischen Blick. Das Feuer der Seele strahlt über die Jahrhunderte hinweg.
Vater Dorotheos bekommt einen etwas größeren Druck des Orgaz-Begräbnisses. Er hat mir erzählt, wie sehr er dieses Gemälde verehrt. Die Bilder gehen von Hand zu Hand. Manche betrachten sie lang und sehr genau. „Nicht byzantinisch", findet Vater Dorotheos in Bezug auf die Apostel, aber die Ausdruckskraft der Bilder schlägt auch ihn in Bann. Es ist ein schöner Moment, eine kleine Heimkehr El Grecos nach Kreta. Man weiß, was man sieht, aber man sieht auch erst, was man weiß. Der Besuch in der Welt El Grecos hat mir wie die Kazantzakis-Lektüre die Augen geschärft. Ich sehe das Kloster und seine Bewohner mit neuen Augen. Hier sind keine gekrümmten Figuren, keine in Tränen zum Himmel gekehrten Augen zu sehen, wie auf vielen Bildern El Grecos. Trotzdem leben die Mönche ein wenig wie Rilkes Engel in „beiden Bereichen". Sie grüßen die Toten in der Liturgie, sie sind zu Hause im Gebet und in den Dimensionen des Geistes. Dabei stehen sie mit beiden Beinen auf der Erde. Sie haben ein Ohr für die Menschen, stehen ihnen mit ihrem Rat zur Seite. Sie sind Menschen, die nicht nur gemeinsam nach oben blicken, sondern mit ganzer Kraft nach oben streben. Ihre Kopfbedeckungen verlängern ihre Körper – gewissermaßen auch eine „Elongation" – nach oben. Dabei wissen sie auch vom Kampf zu erzählen, vom mitunter schmerzhaften Eindringen des Geistigen und Geistlichen in die eigene Existenz.
Nach dem Trubel in Toledo und Madrid erlebe ich die Ruhe, die über dem Kloster liegt, noch intensiver. Die Tierstimmen, die von früh bis spät in der Luft liegen, tun ihr keinen Abbruch. Selbst die Gebete der Mönche sind, vertraut man sich ihrem Rhythmus an, etwas wie geformte Stille. Und immer wieder dieser Blick in die Landschaft. Er führt nicht ins Unendliche, sondern findet seine Kontur am fernen Horizont der Berge. Aber er macht weit und zieht ins Offene. Wie sich Licht und Farben wandeln, von den ersten Strahlen der Morgendämmerung bis zum Sonnenuntergang, ist ein Abenteuer für sich. Meine Augen gehen über die Blumentöpfe und Rasenanlagen. Hier legt man viel Wert auf Schönheit. Und doch zieht man ihr, wie El Greco, die Wahrheit vor.
„Es ist eben ein Kloster in Kreta", sagt Vater Bartholomaios, der Abt. Auf einer Insel mit dieser Geschichte, meint er, müsse die Freiheit eine zentrale Rolle spielen. Diese Freiheit, aus der die Mönche leben, kom-

me einerseits aus der Weise, in der das Zusammenleben organisiert ist, mit vielen Freiräumen für den Einzelnen. Aber sie habe auch mit der Bauweise des Klosters zu tun. „Es ist in Stufen angelegt, sodass wir alle diesen weiten Blick genießen können", sagt er. „Das bewirkt auch eine Offenheit der Menschen."
Die herrliche, kraftvolle Landschaft, das Leben nah an der Natur, die Gemeinschaft, in der unabhängige Menschen füreinander einstehen: Die eigene Sehnsucht entwirft große Hoffnungsbilder. Ist das das Paradies? Es ist Metropolit Arsenios selbst, der eine etwaige Schwärmerei in diese Richtung dämpft. In diesem „Paradies", erklärt er, gehe es durchaus menschlich, bisweilen auch allzu menschlich zu. Natürlich gebe es auch Streit und Auseinandersetzung. In solchen Fällen ist es besonders hilfreich, dass die Mönche in ihren eigenen kleinen Wohnungen leben. „Wenn es sein muss, kann man einander tagelang aus dem Weg gehen", sagt Arsenios Kardamakis schmunzelnd. Es ist eine Gemeinschaft von mitunter knorrigen, an das Alleinsein gewohnten Eremiten und Individualisten. Wie sollten da die Meinungen nicht manchmal auch aufeinanderprallen?

Nikos Kazantzakis hat, nach allem was man weiß, an eine Auferstehung im christlichen Sinn nicht geglaubt; sein Gottesbild steht bisweilen in erheblichem Widerspruch zu den Überzeugungen der Kirchen. Auch Rainer Maria Rilke war nicht in einem kirchlichen Sinn gläubig. Noch kurz vor seinem Tod verbat er sich jeden Besuch eines Priesters; im Moment der Befreiung der Seele wollte er keinen „Zwischenhändler" dulden. Und selbst El Greco, der Kirchenmaler, bewahrte sich seine Eigenständigkeit gegenüber der amtlichen Religion. Kunst und Glaube, das ist auch in seinem Fall nicht einfach dasselbe. Trotzdem sind im Leben der Mönche viele Motive aus den Werken der Künstler wiederzufinden. Die Umwandlung, die Transformation des Weltlichen in einen geistigen Zusammenhang zum Beispiel, oder Kazantzakis' ewiger Kampf um den „Weg empor", den Aufstieg, der für ihn allein zu Gott führt. Oder das Ringen um die Seele und um Gott, wie es in den Bildern El Grecos Thema ist. Sicher hätten Rilkes schöne und schreckliche Engel in Epanosifi genau wie in Toledo besondere Mühe zu wissen, ob sie „unter Lebenden gehen oder unter Toten". Gerade wenn man die „beiden Bereiche", in denen sie unterwegs sind, nicht als zwei Welten denkt, als Diesseits und Jenseits, die nur von schmalen Brücken oder unerschrockenen Christophorus-Gestalten zu verbinden wären, sondern als Aspekte der einen Welt, auf der die Füße stehen, wird man in Epanosifi fündig. Denn hier, in der mönchischen Schlichtheit und Reduktion, füllt sich auch für den, der mit Auferstehung oder Unsterblichkeit wenig anzufangen weiß, der aus Stille geborene Augenblick randvoll mit Bedeutung.

„Das mönchische Leben ist schön und spannend“, sagt Metropolit Kardamakis einmal, „denn man ist ständig im Dialog mit dem Sichtbaren und dem Unsichtbaren. Und mit sich selbst, denn man hat gelernt, die Bewegungen der Seele zu beobachten.“

Erst am Ende meiner Zeit in Epanosifi fällt mir ein, dass ich etwas sehr Wichtiges beinahe vergessen hätte: den Brunnen. Es liegt in seinem bescheidenen Wesen, im Hintergrund zu bleiben und nur auf Nachfrage zu antworten. Sein großer runder Vetter auf der anderen Seite der Kirche hat ihm mit den Wasserspiegelungen, den Goldfischen und den in Scharen zur Tränke ansummenden Bienen an vordergründiger Attraktivität einiges voraus.

Was ist „heiliges Wasser“? Was bedeutet es, sich mit dem Trinken dieses Wassers in den Zusammenhang eines durch den heiligen Georg gewirkten Wunders zu stellen? Lang bevor alle diese Fragen beantwortet sind, nehme ich einen kräftigen Schluck. Es erfrischt und belebt: Wasser im heißen Kreta.

„Ist Epanosifi für Sie ein Brunnen, aus dem Sie schöpfen?“, frage ich am Ende unserer vielen Gespräche Metropolit Arsenios feierlich. „Ja“, antwortet er, „aber es ist nicht meine einzige Quelle. – Sonst würde ich verdursten.“

EPILOG

Der Dichter auf der Stadtmauer

„Wer frei ist, liebt und glaubt und hat keine Angst."
Metropolit Arsenios Kardamakis

Der Platz, an dem Nikos Kazantzakis seine letzte Ruhe gefunden hat, ist tatsächlich ein Ort der Ruhe. Hier sammeln sich die Gedanken wie Vögel an der Futterstelle. Hat man erst die Stufen auf die Zitadelle erklommen, ist man der Stadt und ihrem Treiben enthoben. Das Candia El Grecos, das Megalokastro des Kapetan Michalis, das Iraklio oder Heraklion von heute liegt zu Füßen; der Blick geht hinaus aufs Meer. Als würde sie über den Häusern schweben, liegt die Zeus-Insel Dia draußen im Wasser. Auf der anderen Seite, Richtung Süden, erhebt sich hinter der Stadt das mächtige Zeus-Haupt des Giouchtas. Von diesem Blick muss Kazantzakis inspiriert worden sein, als er Gott mit einem Berg verglich, den es zu besteigen gelte. Aber wenn man oben ankommt, sieht man, dass dieser Berg kein Antlitz hat. So ist es natürlich auch beim Giouchtas: Die erstaunliche Ähnlichkeit mit einem Männerkopf verschwindet völlig, wenn man ihn erklimmt und ihm auf Stirn und Nase steigt.

Die von Bäumen und Büschen gesäumte Wiese auf der Zitadelle ist mir über die Monate lieb geworden. Etwas von klösterlicher Stille ist auch hier zu spüren. Das Grab ist schlicht: die Steinplatte, das Holzkreuz, die Tafel mit dem Grabspruch „Ich erhoffe nichts, ich fürchte nichts, ich bin frei". Ich werde ihn nie mehr lesen können, ohne an die Abwandlung in Gergeri zu denken, in der am Ende nicht die Freiheit, sondern die Arbeitslosigkeit steht. Einmal lege ich vor dem Grabkreuz die Finger in El-Greco-Manier auf die Brust. Es ist ein Gruß vom „Ahnherrn" aus Toledo. Und es ist eine Erinnerung daran, dass Biografien neben dem, was offen zutage liegt, Rätsel enthalten, Unverständliches, zwei- und mehrfach Interpretierbares, Dunkles. Niemand ist ein offenes Buch, auch ein Maler und ein Dichter nicht. Aber auch die Hoffnung auf Erlösung, ein großes Kazantzakis-Thema, ist in dieser Geste. Ich schaue auf das Grab und versuche den kretischen Blick.

Ein wenig irritierend ist, dass Kazantzakis' Frau und Gefährtin Eleni nicht unter dieselbe Grabplatte durfte. Sie liegt zwar auch auf der Stadtmauer, aber abseits ihres berühmten Mannes, in einem kleineren Grab. Dabei war sie zu Lebzeiten alles für ihn.

Ab und zu steigen vom nahen, nach Nikos Kazantzakis benannten Airport Flugzeuge auf und ziehen meerwärts. In jene Fernen, die ihm so wichtig waren.

Er war schwierig, ohne Zweifel. Seine Entflammbarkeit für neue Ideen, seine Ungeduld mit dem Alten, seine unentwegte Suche nach dem Denken der Zukunft hat ihn unstet gemacht und durch das Leben getrieben. Dabei aber hat er unsterbliche Figuren erschaffen. Ohne Alexis Sorbas, Kapetan Michalis oder den Priester Fotis wäre die Welt entschieden ärmer. Zudem hat Kazantzakis seinen Landsleuten geholfen, schwer Sagbares in ihrer belasteten Geschichte zur Sprache zu bringen – in Worten, die ihnen Stolz und Würde ließen. Er hat, wie sein Ahnherr El Greco, Unsichtbares sichtbar gemacht. Ständig unterwegs auf der Suche nach einem gültigen, allumfassenden Denkentwurf, zog er am Ende eine Fragespur, ohne abschließende Antworten zu geben.
Man muss ihm nicht in allem folgen, um ihn zu mögen. Seine Skepsis gegenüber der Religion ist groß. Aber er erzählt Geschichten und findet sprachliche Bilder, in denen sich auch gläubige Menschen wiederfinden können. Er spricht vom Feuer, aus dem wir kommen, und vom Feuer, in das wir gehen, vom Leben als kurze Phase des Lichts zwischen Abgrund und Abgrund, vom Weg empor, von Gott. Sein Werk ist eine große Einladung, sich über die eigene Existenz Gedanken zu machen und dabei vielleicht auch zu ganz anderen Antworten zu kommen.
Mit seinem Reisen und seinem Wirken gleichermaßen hat Nikos Kazantzakis wichtige Fäden in das große Gewebe Europas eingebracht. So wie es El Greco, sein „Ahnherr“, getan hat. Und wie Arsenios Kardamakis es tut. „Sie haben ihr Kreta mitgenommen“, sagt der Metropolit über seine beiden großen Landsleute. „Sie haben vermehrt und vergrößert, was sie aus Kreta mitgebracht hatten.“ Und er fügt hinzu: „Ich glaube, auch ich trage Kreta in mir.“

Maßnahmen gegen die Angst

„Euch frag ich nach uns“, mit diesen Rilke-Worten in Gedanken habe ich mich vor einiger Zeit dem Kloster und den Mönchen genähert.
„Wir wissen nicht mehr vom Leben als andere“, war damals Vater Makarios’ Antwort. „Aber vielleicht wissen wir mehr vom Tod.“
Sie haben kein Rezept, keinen Zaubertrank, kein geheimes Wissen, das man ihnen mit List und Geduld entwenden könnte. Aber in dem, was sie tun und wie sie leben, zeigen sie Perspektiven auf, die von großem Wert sind – immer und in Zeiten der Krise umso mehr.
Vielleicht würden wir, bliebe ich länger im Kloster, über den einen oder anderen Punkt in Diskussion geraten. Es war ein Besuch, eine Annähe-

rung, kein Bleiben und Mitleben. „Wer in der Kirche Positives sucht, wird es finden“, sagt Vater Makarios. Ich habe es gefunden.
Da ist zunächst das Leben in Gemeinschaft. Jeder einzelne Mönch ist im großen Gemeinsamen aufgehoben und kann nicht verloren gehen. Trotzdem bestimmt die Gemeinschaft nicht alles. Hier leben Männer mit ihrer individuellen Freiheit, mit ihren unterschiedlichen Charakteren, Begabungen, Interessen und Berufen zusammen. Sie sind Eremiten, aber sie sind nicht allein. Ein Europa, in dem die Vereinsamung als Damoklesschwert über den Existenzen schwebt, braucht überzeugende Beispiele gelingender Gemeinschaft.
Dazu kommt die Schlichtheit dieser Lebensform, die Naturnähe, der frühe Beginn am Morgen, die Fühlbarkeit der Tages- und Jahreszeiten. Wenn Vater Makarios als einen Schritt aus der Krise empfiehlt, nicht ein „Plastikleben“ anzustreben, sondern ein einfaches Leben mit einfachen Bedürfnissen, dann schwebt ihm dabei zu Recht das Kloster als Beispiel vor.
Aber die Mönche leben nicht nur zusammen. Ihre Gemeinschaft steht auf der Basis der Religion. Sie lassen sich von Morgen- und Abendgebet den Rhythmus geben. Sie feiern Liturgie. Sie leben ehelos. Mit alldem setzen sie ein Zeichen für Transzendenz. Dafür, dass das Leben mit dem Tod nicht zu Ende buchstabiert ist und die Hoffnung am Grab nicht endet. Unbeirrt verkünden sie die Botschaft des Christentums in der orthodoxen Tradition ihrer Kirche – als Angebot, wie Metropolit Arsenios nicht müde wird zu betonen. Jede und jeder ist in seinen Augen frei, dieses Angebot für sich anzunehmen oder abzulehnen. Freiheit und Offenheit sind zentrale Werte im kretischen Kloster Epanosifi.
Vater Igoumenos, Vater Makarios, Vater Paisios, Vater Dorotheos, Vater Ephrem, Vater Timotheos, Vater Irenaios und viele andere Mönche haben mich mit ihrer Gastfreundschaft, ihrer Freundlichkeit und Offenheit überzeugt. Mein Eindruck ist, dass sie ein weitgehend angstfreies Leben führen. Vielleicht ist die Konzentration auf Geld und materielle Güter, die zu einer wesentlichen Voraussetzung der gegenwärtigen Krise geworden ist, am Ende nur das Symptom einer nicht eingestandenen Todesangst, einer schwer zu überwindenden Furcht vor dem Sterben und einer damit einhergehenden Angst vor dem Leben. Das Beispiel der Mönche wirkt dieser Existenzangst entgegen. Im solidarischen Zusammenstehen, im gemeinsamen Vertrauen auf ihren Glauben überwinden sie die Angst. „Wir können den Tod nicht bezwingen“, ist bei Kazantzakis zu lesen. „Aber die Furcht vor dem Tod können wir bezwingen.“
Ich denke zurück an den Moment, an dem ich mit Metropolit Arsenios vom Kloster aus den Blick in die Abendlandschaft genießen konnte – je-

nen Blick, der nicht nur für ihn, sondern auch für mich Freiheit spürbar macht. Diese Freiheit versteht er als ein Wesenselement des Glaubens, der die Angst überwindet. „Wer frei ist, liebt und glaubt und hat keine Angst."

Angelis und Vangelis

Langsam dreht die Erde Europa in den Abend. In der Küche des „Kalamaras" in London sind eifrige Vorbereitungsarbeiten im Gang. In Wien und Karlsruhe oder Paris kehren die Menschen, Verkehrsspitzen produzierend, von ihren Arbeitsstätten zurück und bereiten sich auf den Abend vor. Einige von ihnen werden sich „beim Griechen" treffen. In Toledo schließen die Ausstellungsstätten; Stille umfängt die Bilder El Grecos. In Madrid strömen – müde, aber zufrieden – die letzten Besucher des Museo del Prado ins Freie und blinzeln in die immer noch heiße Sonne. In Epanosifi kommen die Mönche vom Abendgebet aus der Kirche, setzen sich auf Bänken im Freien zusammen, genießen den Ausblick und die Kühle, die von Berg und Wald herabfällt. Sie sind gut gelaunt, sie plaudern und scherzen. Lange werden sie nicht bleiben, denn die Nacht ist kostbar. Noch in der Dunkelheit werden sie sich zum Morgengebet in der Kirche versammeln und Zeugen des erwachenden Tages sein. In Stavros schaut Walter Lassally auf die Uhr. Langsam wird es Zeit, in aller Ruhe den kleinen Spaziergang zu machen, hinüber zur Kantina am Strand, um den Sonnenuntergang zu genießen.
Unsere Kamera sammelt das letzte spärliche Licht in der Linse. Ein junger, fröhlicher Hund hat sich die Zitadelle und das Kazantzakis-Grab zum Spielplatz erkoren. Unerschrocken läuft er auf uns zu und fordert uns auf, die Arbeit sein zu lassen und uns seiner Spielfreude zu widmen. Eine letzte Einstellung meditiert den Tagesausklang Richtung Westen. Dort, wo die Ausläufer des Psiloritis-Massivs das Meer berühren, sind die Hänge schon schattig und abenddunkel.
In kaum einer Stunde werden dort oben vier Männer beim Abendessen sitzen.

Von hier, hoch über Iraklio, ist die Aussicht über Stadt und Meer überwältigend. Das Dia-Ungeheuer sieht noch gewaltiger aus. Es erinnert auch ein wenig an eine zur Hälfte geschmolzene Kerze auf dem Autositz, aber das fällt natürlich nur mir auf. Klammheimlich überlege ich, was in meinem Leben alles nur mehr halb ist, weggeschmolzen oder im Wasser

versunken. Die Liste ist beträchtlich. Aber mich tröstet der Gedanke, dass auch eine halbe Kerze nur ganz brennen kann. Oder gar nicht.
Vor dem Anblick der weit unter uns liegenden abendlichen Stadt empfindet man sich unweigerlich als Teil und nicht als Zentrum des Universums. Man fühlt sich klein, aber das macht nichts.
Metropolit Arsenios, Gianis, Vangelis und ich feiern den erfolgreichen Abschluss der Dreharbeiten. Wir blicken auf reiche Tage zurück. Gianis, der Kameramann, kannte bisher nur Westkreta; Vangelis, der Tonassistent, ist zum ersten Mal auf der Insel. Beide sind Städter und leben in Athen. Im Gespräch identifizieren sie drei Orte, an denen sie, wie sie sagen, in besonderem Maß das Bedürfnis verspürt haben, nicht weiterzumüssen und zu bleiben: den Sonnenuntergangsstrand in Stavros, den Garten vor dem El-Greco-Museum in Fodele und – das Kloster Epanosifi. Ich pflichte ihnen bei und erzähle ihnen von meinem Grundgefühl, in Kreta irgendwie „näher" zu sein. Aber ich kann noch immer nicht erklären, was das bedeutet.
Der Metropolit hört uns zu, wie wir über seine Heimatinsel ins Schwärmen geraten. Dann sagt er zu mir: „Aber wir dürfen uns doch nicht beklagen. Auch Österreich ist ein wunderschönes Land." Das war keine Höflichkeit gegenüber dem Gast. Das „Wir" war echt. Der Kreter fühlt und denkt längst als Österreicher. Seit Juni 2014 ist er auch österreichischer Staatsbürger.
Dann ist es draußen dunkel. In vielen Farben ist die Dämmerung zu Ende gegangen. Der Mond hat übernommen; er ist fast voll. Schon lange leuchtet die Stadt mit eigenem Licht. Es trägt zum Frieden bei, dass man ihren Lärm nicht hört.
„Wer hier nicht zum Dichter wird, ist keiner", sage ich. Für Arsenios Kardamakis ist das ein Stichwort. Er beginnt, eine *mantinada* zu verfassen, ein kleines, vierzeiliges Gedicht. In Kreta gehört es zur Kultur, zu jeder möglichen Gelegenheit solche Mantinaden zu improvisieren. Liebe, Schmerz, Freude, Hoffnung, Enttäuschung: Die Verse öffnen eine Tür zur Seele. Es dauert nicht lange, bis das Gedicht fertig ist. *Angelis* reimt sich auf Vangelis, die Engel sind neidisch auf die Menschen, die die Gesellschaft von Gianis und Vangelis genießen dürfen. Was für ein charmantes kleines Geschenk.
Arsenios Kardamakis ist ein Bischof, der seiner kretischen Heimat verbunden bleibt und sie nicht verleugnet, der aber offen ist für das Gespräch der Kulturen. Einer, für den die Freiheit zum zentralen Wert geworden ist. Einer, der für Freundschaft über Konfessions- und Religionsgrenzen hinaus einsteht. Einer, der nicht nur seinen Landsleuten

etwas zu sagen hat, sondern auch allen anderen. Einer, der das Evangelium verkündet und dabei weiß, dass es um ihn nicht nur Gläubige gibt, sondern auch Zweifler, Skeptiker, Religionskritiker und Atheisten. Einer, der auf Krisen reagiert. Einer, dem Gerechtigkeit wichtig ist, dem die Solidarität mit Armen und Leidenden am Herzen liegt. Einer, der Tiere liebt und seine Freude an der Natur glaubhaft vermittelt. Einer, der aus Kreta stammt und daher umweht ist von der Frage, was Europa war und ist und sein kann. Ein geistlicher Würdenträger, der auch ein einfacher Mönch geblieben ist. Seine großen Landsleute, den Maler El Greco und den Schriftsteller Nikos Kazantzakis, bezeichnet er als „Gott- und Lichtsucher", als „Kämpfer für die Freiheit".
Damit beschreibt er auch sich selbst.

Er habe lange darüber nachgedacht, wie man Veränderung, Verbesserung herbeiführen könne, sagt Metropolit Arsenios Kardamakis. Nach seiner Überzeugung sind es drei Elemente, die dazu notwendig sind: Freiheit, Liebe und Geduld. Es dürfte kein Zufall sein, dass für den Bischof aus Kreta auch hier die Freiheit an erster Stelle steht.

Der Brunnen von Epanosifi beeindruckt mit zurückhaltender, schlichter Eleganz. Er drängt sein Wasser nicht auf. Aber er bietet es an.

KLEINE LITERATURAUSWAHL

Die Zitate von Nikos Kazantzakis wurden u. a. folgenden Werken entnommen:

Nikos Kazantzakis, Rechenschaft vor El Greco, übersetzt von Isidora Rosenthal-Kamarinea, rororo 1986; ders., Freiheit oder Tod, übersetzt von Helmut von den Steinen, rororo 1984; ders., Alexis Sorbas, übersetzt von Alexander Steinmetz und Isidora Rosenthal-Kamarinea, Piper 2011 (7. Aufl.); ders., Griechische Passion, übersetzt von Werner Krebs, Ullstein 1990; ders., The Selected Letters of Nikos Kazantzakis, edited and translated by Peter Bien, Princeton University Press 2012.

Weiters: Peter Bien, Kazantzakis. Politics of the Spirit, Princeton University Press 2007.

Die Briefe Rilkes finden sich in: Rainer Maria Rilke. Auguste Rodin. Der Briefwechsel, Insel 2001; Rainer Maria Rilke und Marie von Thurn und Taxis. Briefwechsel, Max Niehans 1952; Rilke Briefe, herausgegeben vom Rilke-Archiv in Weimar, Insel 1987. Weiters: Antonio Pau Pedrón, Rilke en Toledo, Editorial Trotta 1997.

Die Darstellung der Geschichte Kretas stützt sich weitgehend auf: Theocharis E. Detokaris, History of Greece, Iraklio 1994.

Zu El Greco: Michael Scholz-Hänsel, El Greco, Taschen 2014; Javier Baron (Hg.), El Greco y la pintura moderna, Museo Nacional de Prado, 2014.

Zur Orthodoxie: Matthias Dietz (Hg.), Kleine Philokalie, Belehrungen der Mönchsväter der Ostkirche über das Gebet, Benziger 1995 (4. Aufl.); Martin Tamcke, Im Geist des Ostens leben. Orthodoxe Spiritualität und ihre Aufnahme im Westen, Verlag der Weltreligionen 2008. Grundlegende Informationen bietet: Grigorios Larentzakis, Die orthodoxe Kirche. Ihr Leben und ihr Glaube, LIT 2012 (3. Aufl.).